장자의 맛

새콤달콤 쌉싸름한 철학카페

장자의 맛

김경윤 지음

단비
danbi

차례

2
단맛

장자의 유머

3
구수한 맛

장자의 인생관

4
쓴맛

장자의 정치 풍자

5
감칠맛

장자의 동물, 식물

6
짠맛

장자의 처세술

『장자의 맛』을 내면서

대학 시절, 커피를 믹스커피로 배웠다.
학교 자판기에 100원을 넣으면 마실 수 있었던 그 달달한 커피
는 쉬는 시간의 활력이요, 다음 시간을 위한 에너지 보충 역할
을 했다. 세 살 버릇 여든까지 간다고, 처음을 믹스커피로 시작
했으니 믹스커피야말로 나에게는 커피 맛의 본령(本領)이었다.
대학을 졸업하고 스물여덟에 장가를 가서도 그 달달한 커피 맛
을 즐겼다. 그러다가 믹스에 들어 있는 프림이 몸에 안 좋다는
소식을 접하면서, 커피에서 프림을 뺐다. 건강은 챙기고 싶었
나 보다. 프림을 빼니 고소한 맛을 덜했지만, 달달한 맛은 한층
살아났다.

어머니의 커피 레시피는 2:2:2였다. 진하고 고소한 커피의
맛이 풍미를 더했다. 지금도 어머니를 만나면 2:2:2로 마신다.
일종의 맹약(盟約) 같은 것이니까. 하지만 일상적으로는 프림을

빼고 마셨다. 그것은 나와 맺은 작은 약속과 같은 것이었다.

지천명(知天命)의 나이가 되니, 내 주위에 그 쓰디쓴 커피만을 먹는 사람들이 늘어났다. 나도 실험 삼아 몇 모금 마셔 보았지만, 달달한 커피에 익숙해진 나로서는 그 강력한 쓴맛을 감당하기 어려웠다. 그러다가 당뇨 증세를 보인다는 건강 진단과 함께 삼백(三白, 설탕, 밀가루, 쌀)을 금하는 조치가 취해졌다. 워낙 밀가루 음식을 좋아하는 처지라 지금도 즐기지만, 먹을 때마다 조금은 내 몸에 미안해졌다. 쌀밥은 현미밥으로 대체되었다. 꿀떡꿀떡 넘어가는 쌀밥에서 거칠거칠한 현미밥으로 갈아타는 데에는 시간이 걸렸지만, 현미밥도 나름 장점이 있었다. 오랫동안 씹어 보면 단맛이 우러나왔다. 지금은 현미밥을 잘도 먹는다.

자, 마지막 남은 관문이 바로 커피에서 설탕을 빼는 것이었다. 용기를 내 보았다. 커피를 끊을 수 없으니 설탕이라도 끊어야 했다. 처음에는 연하게 커피를 마셨다. 연한 커피를 천천히 음미해 보니 커피에 쓴맛만 있는 것은 아니었다. 단맛도, 짠맛도, 신맛도, 구수한 맛도 있었다. 물론 이런 맛들을 제대로 느끼기에는 내 혀가 단맛에 오래도록 길들여 있었지만, 설탕을 뺀 커피를 지속적으로 마시니 혀가 살아났다. 이제는 진한 에스프레소 커피도 마실 수 있는 경지가 되었으니 나름 맛을 느낀다고 말해도 되려나.

말이 길어졌다. 커피를 좋아하는 사람이 커피의 다양한 맛을 즐길 수 있는 것처럼, 책을 좋아하는 사람은 책의 다양한 맛을 즐길 수 있다. 특히 잘 로스팅된 커피는 그야말로 풍미작렬인 것처럼, 좋은 책 역시 풍미작렬(風味炸裂)이다.

내가 읽은 책 중에서 가장 풍미가 넘쳐나는 책이 바로 『장자』다. 내편, 외편, 잡편을 합쳐 33권이나 되는 이 두툼한 서물은 그야말로 '물건'이다. 각 편마다 읽을거리가 풍성하여 어느 편을 읽어도 실망하지 않는다. 그러나 분량이 만만치 않아 한 권에 모두 소개하기에는 벅차다. 그래서 내가 선택한 방법은 『장자』 속에서 가장 풍미가 높은 이야기를 선별하여, 그 맛의 종류대로 소개해 보는 것이다.

커피는 종류에 따라 강한 맛이 다르겠지만, 기본적으로 여섯 가지 맛이 혼재되어 있다고 한다. 신맛, 단맛, 쓴맛, 짠맛, 구수한 맛에 감칠맛까지. 그래서 나도 『장자』에서 선별한 이야기를 이 여섯 맛에 배당해 보았다. 신맛 편에서는 장자의 신산(辛酸)한 삶을, 단맛 편에서는 장자의 달달한 유머를, 구수한 맛 편에서는 힘든 삶에서도 희망을 잃지 않았던 장자의 인생관을, 쓴맛 편에서는 장자의 촌철살인 정치 풍자를, 감칠맛 편에서는 장자에 카메오처럼 등장하는 동식물들을, 마지막으로 짠맛 편에서는 장자의 처세술을 실었다.

그리하여 책 제목은 『장자의 맛』이다. 제일 앞에 바리스타 장자에 대해 소개한다. 『장자』의 맨 마지막 장인 〈천하〉에는 장자 학파에 영향을 끼쳤던 다양한 사상가들에 대한 소개와 평가가 있다. 재미난 것은 그 소개와 평가에 장자 자신도 있다는 것이다. 자신에 대해 평가하는 재미난 책, 『장자』. 책의 서술 방법은 장자에서 뽑은 인용구를 소개한 후, 해설을 덧붙이는 형식이다. 이 해설은 전문적 지식을 소개하는 것이 아니라, 『장자』에 나의 삶과 생각을 녹여 낸 것이다. 장자에 더해진 나의 맛은 과연 어떠한 맛일까? 쓰고 있는 나조차 궁금하다. 여행을 떠나기 전과 여행을 다녀온 후의 모습이 달라지듯, 이 글을 쓰기 시작하면서 나 또한 많이 달라진 듯하다. 그런 점에서 이 책은 장자와 나의 동행기라고 보아도 좋겠다. 나는 일단 장자라는 가이드를 믿고, 장자의 세계로 떠난다.

이 글을 읽고 있는 독자들에게 동반 티켓을 보낸다. 함께 여행을 떠나 보자. 장자와 함께 떠나는 커피 맛 여행! 자, 그러면 출발!

莊
子
———
序

장자의
장자 평가

막힘 없이 살려고 노력했지만 잘 모르겠습니다

고요하니 끝도 없이 아무런 모습도 보이지 않습니다. 모든 것이 달라지고 무엇이 되어 갑니다. 영원한 것은 없습니다. 죽음인가요? 삶인가요? 천지자연과 함께하는 것인가요? 밝은 마음이 오는 것인가요? 모든 걸 버리고 어디로 가는 것인가요? 홀연히 어디로 떠나는 것인가요? 분명 모든 것이 펼쳐져 있지만 딱히 돌아가야 할 곳도 없습니다. '어디로 가나', '어떻게 하나'.

옛날 살아가는 모습 가운데 이런 면이 있었습니다. 나 장주는 이러한 이야기가 좋았습니다. 그래서 터무니없는 이야기, 황당한 말, 밑도 끝도 없는 말들을 이따금 제멋대로 했습니다. 하지만 치우치지 않았습니다. 편견으로 보지 않았습니다. 나는 세상이 혼탁하다고 생각했습니다. 그래서 바른말 하기가 어려웠습니다. 그래서 시비를 떠나 자연의 조화를 따르는 치언(卮言)으로 끝없이 바꾸고 달리 말해 보았습니다. 옛 어른의 말을 인용하는 중언(重言)으로 진실을 말했습니다. 빗대는 말인 우언(寓言)으로 폭넓게 말했습니다. 천지자연의 순수한 마음으로 오고 갔을 뿐입니다. 어떤 것도 오만하게 흘겨보지 않았습니다. 옳고 그름을 따지지 않았습니다. 세속에서 함께 살았습니다.

이 책은 이상하고 독특하기도 하지만 둥글게 흘러 해가 되지는 않습니다. 이야기도 들쭉날쭉 장난스럽기는 합니다만 볼만합니다. 그 내용이 진실로 가득 차 있으면서 끝날 줄 모르기 때문입니다. 위로는 모든 것을 만드는 조물자와 함께 노닙니다. 아래로는 죽고 사는 것을 운명으로 받아들이고 끝도 시작도 모르는 것들과 벗을 삼았습니다. 뿌리는 넓고 크게 열어 거침없이 깊이 뻗어 나갔습니다. 조상과는 조화를 이루며 높은 곳까지 다가갔습니다. 되어 가는 것에 응답하고 무언가를 풀어 나갔습니다. 하지만 절대로 다하지 못했습니다. 다가오는 것을 벗어 버리지 못했습니다. 아득합니다. 잘 모르겠습니다. 다하지 못한 것들이 있습니다.

— 〈천하〉 14, 15

장자(莊子)의 생애에 대해서는 잘 알려져 있지 않다. 심지어는 생몰연대도 정확하지 않다. 장자에 대한 널리 인용되는 전기 자료는 사마천(司馬遷)의 『사기(史記)』에 나오는 〈노자한비열전(老子韓非列傳)〉이다. 제목에 이름조차 없는 것을 보면 사마천은 장자를 중요한 인물로 여기지 않은 듯하다. 전반부를 읽어 보자.

장자(莊子)는 몽(蒙) 지방 사람으로 이름은 주(周)이다. 그는 일찍이 송나라 몽 지방의 칠원(漆園)이라는 곳에서 벼슬아치 노릇을 했고 양혜왕(梁惠王), 제선왕(齊宣王)과 같은 시대 사람이다. 그는 학문이 넓어 통하지 않은 것이 없었는데, 그 학문의 요체는 노자의 말에서 시작하여 노자의 학설로 돌아간다. 십여 만 자에 이르는 그의 책은 대부분이 우화로 이루어져 있다. 그는 〈어부(漁夫)〉, 〈도척(盜拓)〉, 〈거협(胠篋)〉 편을 지어서 공자 무리를 비판하고 노자의 가르침을 밝혔다. 외루허(畏累虛), 항상자(亢桑子) 같은 이야기는 모두 사실이 아니라 꾸며 낸 이야기이다.

장자는 빼어난 문장으로 세상일과 인간의 마음을 살피고 이에 어울리는 비유를 들어 유가와 묵가를 공격했다. 당대의 학문이 무르익은 위대한 학자들도 장자의 공격에서 벗어나지는 못했다. 그의 말은 거센 물결처럼 거침이 없으므로 왕공(王公)이나 대인(大人)들에게 등용되지 못하였다.

사마천의 평가에 따르면, 한마디로 장자는 함부로 대할 수 없는 센 인물이었다. 당대의 위대한 학자들도 그 앞에서는 픽픽 쓰러졌다. 만약에 장자가 검을 휘두르는 자였다면 동방불패, 천하무적이 분명했다. 그래서 그는 미움을 샀다. 같이 놀기에는 너무도 강력하여 왕따 당한 인물이었다.

　　그러나 〈천하〉에 소개된 장자는 다르다. 성격적으로는 소심한 편이다. 한편으로는 자존감이 넘쳤지만, 남들 앞에서 자신을 뻐기지 않았다. 오히려 장자는 궁금한 게 많은 사람이었고, 평생 그 질문의 답을 찾아 돌아다닌 사람처럼 보인다. 자신이 쓴 책을 '볼만하다'고 겸손히 소개한다. 가장 높은 곳까지 상상하고, 가장 낮은 곳에 임하면서, 자연과 더불어 살았지만, 결국 '아득하고 잘 모르겠다'고 말한다. 끝까지 추궁하지 못했다고, 자신의 생각을 완성하지 못했다고 겸손히 붓을 내려놓는다.

　　나는 무협지의 천하무적 같은 장자보다, 우물쭈물하고 뒷머리를 긁으며 멋쩍게 피식 웃을 것만 같은 장자를 사랑한다. 한참 이야기하고 나서 그래서 결론이 뭐냐고 묻는 사람들에게 '저도 잘 몰러유'라고 말할 것만 같은 장자가 더욱 좋다. 쓸모없이 살아가고[無用之用], 쓸데없이 모르는[無知之知] 장자랑 함께라면 평생지우(平生之友)의 맹약이라도 맺고 싶다. 장자의 질문을 나의 질문으로 삼고 싶다.

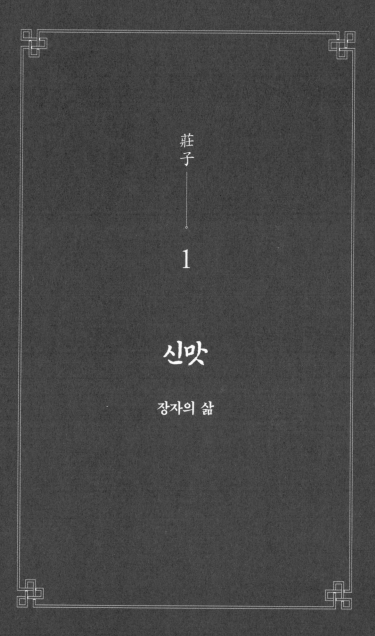

莊
子

1

신맛

장자의 삶

1

카르페 디엠

고귀한 죽음보다 초라한 삶을 택하겠습니다

장자가 복수 근처에서 낚시질을 하고 있었습니다.

초나라 임금이 대부 두 사람을 그에게 보내어 자신의 뜻을 전하게 했습니다.

"번거롭겠지만 나라의 정치를 부탁 드리고자 합니다."

장자는 낚싯대를 드리운 채 돌아보지도 않고 말했습니다.

"풍문에 따르면, 초나라에는 신령스러운 거북이 있는데 죽은 지 이미 삼천 년이나 되었다지요. 임금께선 그것을 비단으로 싸서 상자에 넣어 묘당 위에 보관한다던데, 그 거북의 입장이라면, 죽어서 뼈만 남기어 존귀하게 되고 싶겠습니까, 아니면 살아서 진흙 속에 꼬리를 끌고 다니고 싶겠습니까?"

두 대부는 대답하길,

"그야 살아서 진흙 속에 꼬리를 끌고 다니려 하겠지요."

장자가 조용히 말했습니다.

"알아들었으면 돌아가세요. 나는 진흙 속에 꼬리를 끌고 다니
며 살려 합니다."

— 〈추수〉 13

장자와 동시대인이었던 맹자가 이 이야기를 들으면 혀를 끌
끌 찼을 것이다. 일찍이 정의를 위해서라면 목숨조차 초개처럼
버릴 줄 아는 대장부가 되어야 함을 역설한 그가 아니던가. 맹
자는 이런 말도 했다. "목숨도 내가 원하는 것이고 의(義)도 내
가 원하는 것이다. 그 둘을 같이 지닐 수 없다면 목숨을 버리고
의(義)를 선택할 것이다." '사생취의(捨生取義)'가 여기서 나왔다.
맹자가 흠모해 마지않던 공자도 이런 말을 했다. "뜻있는 선비
와 어진 사람은 살기 위해서 인(仁)을 해치는 일이 없고, 오히려
자신의 목숨을 바쳐 인(仁)을 행할 뿐이다." 살신성인(殺身成仁)
이라는 고사의 출전이다.

지식인에게 명예와 명분은 매우 중요하다. 그들은 자신이
신봉하는 이념이나 사상에 목숨을 건다. 심하게 말하면, 그들
에게는 삶이 아니라 사상이 먼저다. 일단 마련한 사상적 렌즈
로 세상을 해석하고 재단한다. 있는 대로 보는 것이 아니라 보
는 대로 있게 된다. 보는 것이 다르니 사상 투쟁이 형성된다.

사상이 다르면 죽음마저 불사(不辭)한다. 죽음을 불사하는 자는 죽임도 불사한다.

장자의 시대를 전국시대(戰國時代)라 한다. 이른바 전쟁을 밥 먹듯이 했던 시대다. 전쟁의 시대에 목숨을 쉽게 잃는 계층은 지배층이 아니다. 전쟁통에 끌려 다니던 민중들이다. 민중은 사상 때문에 죽임을 당한 것이 아니라, 까닭 없이 끌려와 하나밖에 없는 목숨을 잃는다. 어디 전국시대뿐이랴. 어느 시대든 목숨이 가장 위태로운 것은 가난하고 약한 민중들이다. 그저 살기를 바랐던 여린 목숨이 파리처럼 죽어 간다. 지식인이 숭앙해 마지않는 고귀한 죽음은 드물었고, 민중의 떼죽음은 다반사였다. 이것이 역사의 실체이다.

장자는 지식을 대변하지 않는다. 그는 목숨을 대변한다. 사는 것이 먼저다. 살고 싶고, 살아 내고, 살아가는 것이다. 삶은 무엇보다 숭고하다. 장자에게 사상이란 게 있다면 '잘 살다가 잘 죽는 것'이다. 사상이나 명분이나 명예나 지위 따위가 삶을 지배하지 않도록 그는 진흙의 삶을 디폴트 값으로 설정하였다. 삶은 가난했지만 가벼워졌다. 사상의 질곡(桎梏, 차꼬와 수갑)을 풀고 훨훨 날 수 있었다.

그러니 무엇을 위해서 살지 말자. 삶은 무엇을 위하여 존재하는 것이 아니라 삶 자체를 누리는 것이다. 지배자와 지식인 들이 덮씌운 덧게비를 지우고, 하루하루를 살아가자. 카르페 디엠!

2

호모 루덴스, 장자

세상과 더불어 노닐다

장자가 산속을 가다가 가지와 잎이 무성한 큰 나무를 보았습니다.

나무꾼이 그 옆에 있으면서도 나무를 베지 않아 그 까닭을 물으니 쓸모가 없다는 것이었습니다. 장자가 제자에게 말했습니다.

"이 나무는 쓸모가 없기 때문에 타고난 수명을 다 누리는구나."

장자가 산에서 내려와 친구의 집에 머물게 되었는데, 친구는 기뻐하면서 하인에게 거위를 잡아 요리를 만들라고 했습니다.

하인이 물었습니다. "그중 한 놈은 잘 울고 한 놈은 울 줄을 모르는데 어느 놈을 잡을까요?"

주인이 대답했습니다. "울지 못하는 놈으로 잡아라."

다음 날 제자가 장자에게 물었습니다.

"어제 산속의 나무는 쓸모가 없어 천수를 다했는데, 거위는 쓸모가 없어 죽게 되었네요. 선생님이시라면 어디에 머무시렵니까?"

장자가 웃으며 말했다.

"쓸모 있음과 쓸모없음 중간에 머문다고 한다면 근사한 대답이 될지 모르지만 가짜다. 사이비(似而非)는 화를 면할 수 없을 것이다. 자연의 길과 모습을 따라 노닌다면 괜찮을 것이다. 칭찬이나 비난에 무심한 채 용이 되기도 하고, 뱀이 되기도 하면서 시간이 흐르는 대로 무언가 되겠다고 떼쓰지 않고 잘되면 잘되는 대로, 안 되면 안 되는 대로 살아갈 것이다. 세상 만물과 더불어 살아가되 세상 만물과 다투지 않아 그것에 부림당하지 않을 것이다. 그러면 화를 면할 수 있을 것이다."

— 〈산목〉 1

나무는 쓸모 있어 죽고, 거위는 쓸모없어 죽었다. 반대로 나무는 쓸모없어 살고, 거위는 쓸모 있어 살았다. 여기서 장자의 관심사는 쓸모가 있느냐 없느냐에 있지 않고, 사는 것에 있다. 어찌해야 살 것인가?

유학자들은 중용(中庸)을 삶의 원리로 삼았다. 『중용』의 첫 문장은 이렇다. "하늘이 명령한 것을 일컬어 본성이라 하고, 본성을 따르는 것을 일컬어 길이라 하며, 그 길을 닦는 것을 일컬어 가르침(문명)이라 한다.[天命之謂性 率性之謂道 修道之謂敎]" 여기서 핵심어는 '천명(天命)'이다. '하늘의 명령'이라는 말 자체가 종교, 윤리적 뉘앙스를 풍긴다. 즉 당위(當爲, Sollen)의 언어이다. 당위란 무엇인가? 반드시 있어야만 하며, 해야만 하는 것이다. 도덕 법칙이며 의무이다. 그런 점에서 유학은 당위의 학문이며, 윤리학의 학문이다.

그에 비해 장자의 윤리학은 의무론이 아니라 유희론이다. 장자의 말 중 핵심어는 '놀이[遊]'이다. 놀이에는 강제가 없다. '반드시' 해야 하거나 하지 말아야 하거나 할 것이 없다. 있으면 있는 것으로 놀고, 없으면 없는 대로 놀면 된다. 죽기 살기로 놀지 않는다. 도박과 놀이의 차이다. 용이 되면 용이 되는 대로, 뱀이 되면 뱀이 되는 대로, 있는 처지에서 즐겁게 살아가는 것이다. 만물과 더불어 살아가지만 만물에 부림당하지 않는다.

예술 기법 중에 브리콜라주(Bricolage)가 있다. 손에 닿는 대로 아무것이나 이용하는 것이다. 없는 것을 한탄하지 않고 욕망하지 않는다. 자신의 조건 안에서 최고를 만들어 내면 된다. 조건이 변하면, 이전의 조건을 그리워하지 않는다. 다시 현재의 조건 안에서 삶의 재료를 찾는다. 삶은 현재(present)이고, 현재는 선물(present)과 같은 것이다. 현재에 주어진 만물로 놀듯이 살면 된다. 장자는 호모 루덴스(Homo Ludens, 遊戲人)이다.

3

장자의 가난

가난이 곤경은 아닙니다

장자가 누더기로 기운 거친 무명옷에다 삼줄로 얽어 맨 신을 신고서 위나라 임금을 찾아갔습니다. 이 모습을 보고 위나라 임금이 말했습니다.

"어쩌다 선생은 그토록 곤경에 빠졌습니까?"

장자가 말했습니다.

"가난한 것이지 곤경에 빠진 것은 아닙니다. 선비에게는 자신이 가야 할 길이 있고 실천할 덕목이 있는데 그것을 실행하지 못할 때 곤경에 빠지는 것입니다. 옷이 해지고 신발에 구멍이 난 것은 가난한 것이지 곤경에 빠진 것이 아닙니다. 말하자면 때를 만나지 못한 것일 뿐입니다. 임금께서는 나무에 기어오르는 원숭이를 보지 못하셨습니까? 원숭이가 단단한 녹나무나 가래나무 같은 큰 나무에 올라 나뭇가지에 매달려 지낼 때에는 의기양양합니다. 예나 봉몽 같은 화살의 명수라도 제대로 겨냥할 수가 없습니다. 그러나 원숭이가 산뽕나무나 가시나무나 탱자나무 같은 작은 나무 사이에 있을 때에는 위태로운 듯이 곁눈질을 하며 다니고 두려움에 덜덜 떨게 됩니다. 이것은 원숭이의 근육이나 뼈가 굳어져 유연하지 않게 되었기 때문이 아닙니다. 그가 처해 있는 형세가 불편하여 그의 능력을 발휘할 수 없게 되었기 때문입니다. 지금 같이 혼미한 임금과 어지러운 신하들 사이에 처신하면서 곤경에 빠지지 않으려 한다 해도 어찌 그것이 가능하겠습니까? 이것은 충신인 비간이 심장을 도려내게 된 것으로도 증명이 됩니다."

—〈산목〉6

위나라 임금이 장자의 가난을 조롱할 때, 장자는 위나라의 혼탁한 정치를 비판한다. 어리석은 임금과 어지러운 신하들 사이에서 선비 노릇을 하는 것은 목숨을 거는 것과 마찬가지로 위태로운 일이라고. 그리고 그것을 증명이나 하려는 듯, 상(商)나라의 충신 비간(比干)의 사례를 든다. 비간은 상나라의 마지막 왕 주왕(紂王)의 숙부였다. 그는 조카의 폭정을 바로잡으려 하다가 죽임을 당했다. 그때 주왕은 이렇게 말하며 그를 죽였다고 한다. "성인(聖人)의 심장에는 구멍이 일곱 개나 있다고 들었다. 이를 확인해 보라." 장자가 정치판에 직접 뛰어들지 않은 이유였다. 개죽음을 당하기 싫었기 때문이다.

한편 장자의 "가난이 곤경은 아니다."라는 말도 되새겨 볼 만하다. 요즘 말로 바꾸면 "가난하다고 불행하지 않다."는 말이겠다. 과연 그런가? 자본주의 사회에서 통용되는 공식이 있다. '돈=행복'이다. 변형된 공식도 있다. '가난=불행'이다. 이 공식은 맞는가?

어떤 공식이 거짓임을 증명할 때는 반증 사례 하나면 된다. 그러면 그 공식이 참이 아님을 알 수 있다. 돈 많은 부자지만 불행한 사람의 사례는 너무도 많다. 드라마의 단골 주제라서 누구나 찾을 수 있다. 가난하지만 불행하지 않은 사람의 사례도 찾을 수 있다. 물론 부유하면서 행복한 사람도, 가난하기에 불행한 사람의 사례도 많다. 그러니까 이렇게 말하는 것이 진실에 가장 가까울 것이다. 돈이 많으면 행복할 수도 불행할 수도 있다. 가난하면 행복할 수도 불행할 수도 있다. 그러니까 행불행은 돈과 직접적인 관련은 없다는 말이다.

논리적인 증명의 문제가 아니라 확률론이라면 이야기는 살짝 달라진다. 자본주의 사회에 살고 있는 한, 삶의 거의 모든 것이 상품화되어 있음으로 상품 구매를 할 수 있는 돈이 있으면 행복감을 느낄 수 있다. 자신이 사고 싶은 물건을 돈이 없어

못 사게 될 때 불행하다고 생각할 수 있다. 이처럼 행불행을 구매욕(소유욕)에 맞추는 사람은 돈의 유무로 행불행이 결정된다. 하지만 이게 전부라면 인간의 삶은 참으로 불행한 것일지도 모르겠다. 구매욕(소유욕)이 행불행을 결정하는 지배적인 욕망이라니, 그러한 욕망을 부추기는 것으로 운영되는 사회를 최고라고 생각하다니 이 얼마나 협소한 사유인가, 이 얼마나 불행한 사태인가.

인간의 행복은 구매나 소유 욕망만으로 채워지지 않는다. 사실 구매나 소유 욕망도 관계 욕망의 일종에 불과하다. 나와 나, 나와 너, 나와 그들, 나와 물건, 나와 세상 만물이 좋은 관계를 맺을 때 인간은 행복하다. 나쁜 관계를 맺을 때 인간은 불행하다. 이 모든 관계에서 구매나 소유를 통해서 얻을 수 있는 관계는 지극히 제한적이다. 사랑도, 우정도, 지혜도, 좋은 정치도 구매할 수 없다. 그것은 상대방에 대한 이해와 그것과 좋은 관계를 맺을 수 있는 나의 능력이 결합해야지만 얻을 수 있는 것이다. 무엇이 우리를 행복으로 이끄는가? 무엇이 우리를 의기양양하게 하는가?

4

장자의 생존법

정신 차려, 이 친구야

장자가 조릉이라는 밤나무 숲속을 거닐다가 이상한 까치 한 마리를 보게 되었습니다. 엄청나게 큰 날개와 눈을 가진 까치는 장자의 이마를 스치고 밤나무 숲으로 날아가 앉았습니다. "무슨 새가 날개는 큰데도 멀리 날지 못하고, 눈이 큰데도 잘 보지 못하네." 장자는 바짓가랑이를 걷어 올리고 살금살금 숲속으로 들어가 활을 당겨 그 새를 겨누었습니다. 그 순간 매미 한 마리가 나무 그늘에 앉아 자신의 몸조차도 잊은 채 울고 있었습니다. 그 매미를 잡으려고 사마귀 한 마리가 나뭇잎에 몸을 숨기고 매미를 노려보고 있었는데, 사마귀 또한 매미를 잡으려는 생각에 빠져서 아까 그 까치가 자신을 노리고 있다는 것조차 모르고 있었습니다. 이상한 까치 또한 사마귀를 잡으려는 욕심에 자신이 처한 상황을 모르고 있었습니다.

장자는 깜짝 놀랐습니다. "아, 모든 것이 서로 얽혀 있구나. 하나가 다른 하나에게 재앙을 초래하는구나." 장자가 활을 버리고 뒤돌아 도망을 치니 숲 관리인이 뒤쫓아와 장자를 나무랐습니다. 장자는 집에 돌아와서도 사흘 동안 기분이 불편했습니다. 제자인 안저가 불편해하는 이유를 물으니 장자가 대답했습니다.

"내가 뭔가에 빠져 있다가 나를 잊었다. 탁한 물을 들여다보다 맑은 물을 잊고 말았다. 스승께 들은 바로는 '세상에 들어가면 그곳의 법을 따르라' 했는데, 조릉에 들어갔다가 나를 잊고 말았구나. 이상한 까치가 나의 이마를 스치고 지나가기에 나도 모르게 숲까지 쫓아 들어갔는데, 숲 관리인이 나를 도둑으로 몰더구나. 그래서 나는 기분이 불편했던 거야."

— 〈산목〉 8

이 이야기는 묘한 먹이 사슬을 표현하고 있다. '장자 → 이상한 까치 → 사마귀 → 매미'로 이어지는 사슬이다. 그런데 이 사슬에 얽혀 있는 존재들은 모두 공통점이 있다. '자신을 잊고 있다[忘身]'는 점이다. 매미는 노래 부르는 자신의 아름다움에 취해, 사마귀는 매를 잡으려는 마음에, 까치는 사마귀를 잡으려는 마음에, 그리고 장자는 그 이상한 까치를 잡으려는 마음에, 모두가 외물에 정신이 빠져 정작 자신이 어떻게 될지도 모르게 되었다. 이것이 망신(忘身)이다. 망신(亡身)당하는 것보다 더 위험한 상황이다. 생사존망이 걸려 있다.

이익을 좇다 보면 자신의 처지를 잊게 된다. 진실이 보이지 않는다[見利而忘其眞]. 장자마저도 까치를 좇다가 망신(忘身)하여 도둑으로 몰리는 망신(亡身)을 당하고 만다. 장자는 집에 돌아와 사흘이나 두문불출했다. 그리고 내내 기분이 불편했다. 왜 불편했을까? 도둑으로 몰려 억울해서? 본문을 보면 마치 그런 것 같다. 마치 자신의 결백을 모르쇠 하는 숲 관리인을 원망하는 듯. 하지만 나는 장자의 불편의 원인을 그렇게 보지 않는다. 제자를 둘 정도의 경지에 오른 장자조차 순식간에 무너지게 만드는 것이 바로 눈앞의 이익이었다. 장자는 이 눈앞의 이익 앞에 무너지고 마는 존재의 사슬을 보았던 것이다. 물론 그 존재의 사슬에는 자신도 포함되어 있었다. 어찌 두려워 떨지 않을 수 있겠는가? 고작 새 한 마리에 자신을 잊고 말다니. 십 년 공부 나무아미타불인 셈이다. 장자의 불편은 바로 그러한 자신에 대한 통렬한 반성은 아니었을까?

세상만사가 모두 다 이렇게 얽혀 있는 것이다. 이 얽힘에서 벗어날 수 있는 사람은 없다. 그저 정신을 차리는 수밖에 없다. 장자 스승의 말마따나 "세상에 들어가면 그곳의 법도를 따르

는 것"이다. 순종하라는 말이 아니다. 처지를 파악하라는 것이
다. 이익을 좇느라 자신을 잃지 말라는 것이다. 맹자라면 '조심
(操心)하라'거나 '방심(放心)하지 말라'고 말했을 것이다. 요즘 말
로는 정신을 차리라는 것이다. 그리하여 장자는 자신의 실수를
통해 정신을 차리게 된다. 불편의 사흘간 장자의 생존법은 단
련되었을 것이다.

+

이 글을 쓰다 보니 떠오르는 노래가 하나 있다.

김수철이 1989년에 발표한 〈정신 차려〉이다.

오래된 곡이라 처음 들어 보는 사람도 있을 것이다.

그래서 동영상 링크를 걸어 본다. 즐감!

https://www.youtube.com/watch?v=fmwgXoiE0o8

모르겠네 정말 난 모르겠어 도대체 무슨 생각하는지

무엇이 그리 크길래 욕심이 자꾸 커져만 가나

왜 잡으려고 하니 왜 가지려고 하니

자꾸 그럴수록 외로워져 혼자 살아가야 하니까

모르겠네 정말 난 모르겠어 도대체 무슨 생각하는지

여기저기 거기 다 둘러봐도 아무런 것도 하나 없는데

왜 찾으려고 하니 왜 떠나려고 하니

자꾸 그럴수록 슬퍼져요 혼자 살아가야 하니까

말로만 그래 놓고 또 또 또다시 그러면 어떡하니

자꾸자꾸 그럴수록 사람 사람이 사랑이 안 보이잖아

여보게 정신 차려 이 친구야

여보게 정신 차려 이 친구야

(…)

5

낙수효과의 비극

건어물 신세

장자가 집이 가난하여 감하후에게 곡식을 빌리러 갔습니다.

감하후가 말했습니다. "좋습니다. 내가 영지의 세금을 거두어
들인 다음 선생에게 삼백 금을 빌려 드리도록 하겠습니다. 어떻
습니까?"

장자는 화가 나 얼굴빛이 변하며 말했습니다.

"제가 어제 이곳에 오는데 도중에 나를 부르는 자가 있었습니
다. 돌아다보니 수레바퀴 자국 가운데에 있는 붕어였습니다. '붕
어야, 너는 무엇을 하고 있는 것이냐?' 붕어가 대답했습니다. '저
는 동해의 물결을 타는 용왕의 신하입니다. 선생께서 물 한 바가
지만 주시면 제가 살 수 있을 것 같습니다.' 그래서 제가 말했습
니다. '그래 좋다. 내가 남쪽의 오나라와 월나라 왕을 만나러 가

려 하는데, 그들을 설득시켜 서강의 물을 끌어다가 너를 맞이하
도록 하겠다. 그러면 되겠느냐?' 그러자 붕어는 화나 났는지 얼
굴빛이 변하며 이런 말을 합디다. '저는 항상 함께했던 물을 잃
어서 당장 몸 둘 곳이 없어졌습니다. 물 한 바가지면 살 수 있습
니다. 그런데 선생께서 그렇게 말씀하시니 차라리 저를 건어물
가게에 가서 찾는 게 나을 것 같군요.'"

─〈외물〉2

낙수효과(落水效果)라는 말이 있다. 부유층이나 사업가들을
위한 경제적인 지원을 통해 경제 활동이 활발해지면 경제 전반
이 더욱 개선되고, 그로 인한 혜택은 저소득층이나 하층민에게
돌아가게 된다는 주장이다. 변형된 표현으로는 빅파이 이론이
있다. 파이를 먼저 크게 키워야 나눠 먹을 수 있는 양도 늘어난
다는 주장이다. 재계에서 보도(寶刀)처럼 사용하는 이론이다.
될 놈을 밀어 주자는 말도 있고, 10%가 90%를 책임진다는 말
도 이와 유사하다. 정리하자면, 부익부(富益富) 빈익부(貧益富) 즉
부자가 부자가 될수록 가난한 사람도 부자가 된다는 이론이다.

당장 가난한 사람에게 헛된 꿈을 꾸게 만드는 헛소리에 불
과하다. 장자 시대에도 이런 사람이 있었다. 당장 가난한 사람
에게 내가 먼저 부자가 되면 너에게 혜택을 주겠다고 말하는

자, 감하후와 같은 놈이다. 장자에게 필요한 것은 삼백 금이 아니다. 당장 입에 풀칠할 돈이다. 감하후가 이를 모를 리 없다. 그런데 부자 감하후는 자신의 재력을 자랑하면서 장자를 조롱했던 것이다. 그래서 더욱 비열한 놈이다. 자신의 품격은 유지한 채, 상대방을 절망에 빠뜨리는 자!

장자는 조롱에 조롱으로 답한다, 물고기 이야기로 우회하면서. 물고기 한 마리 살리려고 대운하 건설을 하겠다는 꼴이라고. (우리나라의 전직 대통령이 왜 떠오를까?) 그런 개소리를 하려면 차라리 죽으라고 말하라고. 이 우화를 들은 감하후의 표정은 어떠했을까?

감하후와 같은 자는 오늘날에도 존재한다. 재난기본소득을 이야기하면 그렇게 돈을 주면 게을러진다고 목청 돋우는 자, 가난은 하늘도 구제를 못 한다고 운명론을 말하는 자, 일하지 않는 자는 먹지도 말라고 윽박지르는 자, 가난의 처지에 있지 않으면서 가난을 판단하고 조롱하는 자들이 넘쳐난다. 코로나 사태 이후 실직하거나 파산하거나 처지가 어려워진 사람들이 점점 늘어나고 있다. 새로운 뉴딜 정책이 필요하다고 정가에서는 논쟁 중이다. 그러는 사이에도 생존의 위협을 당하는 사람들은 점점 늘어난다. 새로운 정책도 좋고, 예산안 마련도 좋다. 하지만 그러한 정책과 예산안 마련은 시급성을 우선적으로 고

려해야 한다. 이대로 가다가는 생존을 위협당하는 가난한 사람
부터 건어물 가게의 생선이 될 것이다.

6

리얼 장자

치질을 핥아 주었소?

송나라 사람 중에 조상이란 사람이 있었는데, 송나라 사신으로 진나라에 갔습니다. 갈 때에는 수레 몇 대를 얻어 타고 갔으나, 돌아올 때에는 진나라 왕의 환대를 받고 수레 백 대를 선물로 받아 송나라로 돌아왔습니다. 그가 장자를 만나 말했습니다.

"당신처럼 지저분한 뒷골목의 궁색한 집에 살면서, 짚신이나 삼아 신고, 깡마른 목에 누런 얼굴을 하고 지내는 것은 저로서는 잘하지 못하는 일입니다. 단번에 만승의 군주를 깨우치고 백 대의 수레가 뒤따르게 하는 일은 제가 잘하는 일이지요."

장자가 말했습니다.

"진나라 왕은 병이 나서 의원을 불렀을 때 종기를 째서 고름을 빼 준 자에게는 수레 한 대를, 치질을 핥아 준 자에게는 수레 다섯 대를 준답디다. 치료 부위가 내려가면 내려갈수록 수레를 더 많이 준다던데, 그대는 도대체 어디를 핥아 준 겁니까? 왕의 치질이라도 핥아 고쳐 주기라도 했소? 어찌 그토록 많은 수레를 받았단 말이오. 당장 꺼지시오."

—〈열어구〉 8

『장자』 전체에서 나는 이 구절을 가장 귀하게 여긴다. 타인의 입을 통해서이긴 하지만 장자의 날것 그대로의 모습을 이처럼 구체적으로 묘사한 대목은 눈 씻고 찾아봐도 없기 때문이다. 일단 장자의 사는 곳에 대한 묘사 : 지저분한 뒷골목의 궁색한 집! 요즘 상황으로 표현하면 빈민촌의 싸구려 월셋집 정도에 해당하려나. 다음으로는 장자의 일상사와 용모 : 짚신이나 삼아 신고 깡마른 목에 누런 얼굴[槁項黃馘]. 요즘 상황이라면 변변한 직업 없이 가내 수공업을 하면서, 굶주려 깡마르고 얼굴이 누렇게 뜬 상태. 의학적으로는 황달로 진단할 수 있다. 인터넷을 뒤져 보니 간경변, 담석증, 간암 등으로 황달이 나타날 수 있다고 쓰여 있다. 술을 많이 마셨든지 피로가 쌓였든지 간이 안 좋았을 가능성이 매우 높다. 이 정도 정보만 가지고도 장자가 극빈층에 해당한다는 것을 추측할 수 있다.

이런 빈한한 장자였지만 송나라에서는 나름 명성이 있었나

보다. 극진한 환대를 받고 돌아온 사신 조상이라는 자가 장자를 찾아와서, 장자를 조롱하며 자신의 모습을 과시하고 있는 것을 보면 말이다. 보나마나 화려한 옷을 입고 멋진 수레를 끌고 찾아왔을 것이다. 장자도 이 모습이 꼴사나왔던지, 더 심한 조롱으로 조상이란 자를 한 방 먹인다.

"진나라 왕은 더러운 곳을 치료하고 빨아 주는 자에게 수레를 선물하는데, 그 부위가 더러우면 더러울수록 더 많은 수레를 준다지. 도대체 너는 왕의 어디를 그렇게 빨아 줬기에 왕이 수레 열 대나 주냐? 당장 꺼져라, 이놈아!" 역시 장자다. 속이 후련하다. 유쾌, 상쾌, 통쾌다.

노파심에 하는 말인데, 설마 조상이란 자가 진왕의 치질을 핥아 주었겠는가? 하지만 외교란 것이 상대방에게 이익을 주면 줄수록 그에 상응하는 대가를 가지고 오는 법이니, 분명 조상이란 자는 강대국인 진나라에게 유리한 무엇을 약속했을 것이다. 그 약속이 지켜지려면 약소국인 송나라는 더욱 힘들어지게 되니, 그 고통은 모두 민중에게 전가되기 마련. 민중의 입장에 선 장자를 볼 수 있는 대목이다.

+

몇 가지 상식을 추가한다.

① 장자의 고국인 송(宋)나라는 주(周)나라에 의해서 멸망한 상(商)나라의 사람들이 정착하여 살게 된 나라이다. 즉, 망국의 후손이 정착한 곳이니, 다른 제후국에 의해서 놀림과 조롱의 대상이 되는 나라이기도 하다. 『맹자』에 나오는 알묘조장(揠苗助長)의 어리석은 노인이나 『한비자』에 나오는 수주대토(守株待兎)의 어리석은 사람은 모두 송나라 출신이다. 우리나라로 치자면 삼국시대 때 가장 먼저 멸망한 백제와 같은 처지였다고 생각하면 송나라의 처지를 이해할 수 있으려나?

② 당시의 수레는 오늘날 고급 승용차에 해당한다. 춘추시대 공자(孔子)는 평생 수레 한 대를 몰고 다녔다. 수레를 타는 것은 귀족이나 고위 관료나 가능했기에 수레를 소유하는 것은 그의 신분을 알 수 있는 표지였다. 십승(十乘), 백승(百乘), 천승(千乘), 만승(萬乘) 등에 나오는 승(乘)이 수레를 세는 단위이며, 만승지국(萬乘之國)이라면 중국천하를 다스리는 천자의 나라 규모다.

7

장자의 우정

논쟁의 맞상대가 죽었다

장자가 어떤 사람의 장례식을 치르고 오다가 혜자의 묘 앞을 지나게 되자 따르는 자를 돌아보고 말했습니다.

"초나라의 도읍인 영에 흙을 바르는 장인이 있었다. 그는 자기 코끝에 백토를 파리의 날개만큼 얇게 바르고 석공인 장석에게 이것을 깎아 내게 했다. 장석은 도끼를 바람소리가 나게 휘둘렀으나 영의 장인은 그저 듣기만 하고 그대로 있었다. 백토는 모두 깎여 떨어졌지만 코는 조금도 다치지 않았고 영의 장인도 선 채로 얼굴빛조차 바꾸지 않았다.

송나라의 원군이 이 이야기를 듣고 장석을 불러 말했다.

'시험 삼아 내게도 백토를 바르고 깎아 내어 보아라.'

장석이 말했다. '전에는 그렇게 할 수 있었지만, 지금은 그 기

술의 근원이 되는 사람이 죽고 없어서 불가능합니다.'

나는 혜자가 죽은 뒤로 나의 이론의 전개할 바탕이 없어졌다. 나도 이제 혜자가 죽었으니 더불어 이야기할 사람이 없어졌구나."

—〈서무귀〉 7

헬레니즘 시대의 철학자 에피쿠로스는 인생에서 중요한 것이 두 가지 있다고 말했다. 지혜와 우정! 장자의 우정을 생각하면 딱 한 사람이 떠오른다. 혜시(惠施. 기원전 370년경~기원전 310년경)이다. 혜시는 장자의 또 다른 자아(alter-ego)이자 경쟁자였다. 혜시는 공손룡과 더불어 전국시대의 논리학인 명가(名家)의 사상가로 유명했다. 양나라 혜왕의 시대에 재상으로 활약하기도 했으니, 장자와는 달리 관재수가 있었던 셈. 당시는 합종연횡의 혼란기였는데, 혜시는 약소국끼리 연합하여 강대국인 진나라에 맞서야 한다는 합종(合從)을 주장했고, 장의는 강대국인 진나라와 연합해야 한다는 연횡(連橫)을 주장했는데, 소수 의견으로 몰려 양나라에서 쫓겨났다. 초나라에 갔다가 고향인 송나라로 갔는데, 그때 장자와 만나 깊은 사귐이 있었던 듯하다.

한 명은 정치판에서 닳고 닳은 웅변가였고, 다른 한 명은 정치 따위는 아랑곳하지 않았던 독설가였다. 그럼에도 둘은 설전을 주고받으면서도 우정을 잃지 않았다. 『장자』에는 혜시와 장자의 대화가 여러 차례 등장한다. (나중에 대표적인 대화를 살펴볼 것

이다.) 그중 맨 마지막 편인 〈천하〉 16에 혜시에 대한 평가가 나오는데, 일부분을 인용한다,

"하늘과 땅의 도로부터 혜시의 능력을 본다면 그것은 마치 한 마리의 모기나 한 마리의 등에가 수고하는 것이나 같은 것이다. 그가 물건에 집착한들 무슨 소용이 있겠는가? 그가 도의 일단(一端)을 충당할 수 있다 해도 괜찮겠는데, 그 변론이 도보다 귀하다고 하니 위태로운 일이다. 혜시는 이것으로써 스스로를 편안케 하지 못하고 만물에 대하여 관심을 분산시켜 만족할 줄 모르면서도, 마침내는 변론을 잘함으로써 명성을 얻은 것이다.

아깝다! 혜시는 그런 재능을 가지고도 방탕하게 행동하여 참된 도를 터득치 못하였고, 만물을 뒤쫓음으로서 자기 본성으로 되돌아갈 줄을 모르고 있다. 이것은 울림이 나오는 곳을 찾으려고 소리를 지르는 것이나, 자기 몸과 그림자를 경주시키는 것이나 같은 것이다."

물론 이 평가는 장자 본인의 평가라기보다는 장자의 후학이 장자의 입을 빌어 한 평가일 것이다. 한마디로 정리하면, "말 잘하는 것에서는 명성을 얻었지만, 참된 도를 터득하지는 못하고 평생 지치도록 떠들었던 사람"이 혜시였다.

하지만 본문을 보면 다르다. 장자는 혜시의 무덤을 보며 제자에게 절절한 안타까움을 표하고 있다. 혜시가 없는 세상은 같이 이야기할 사람이 없는 세상이다. 그러니 무슨 이야기를 더 보태랴. 장자는 혜시가 죽은 후 20년을 넘게 살았다. 그의 말년은 참으로 쓸쓸했을 것이다.

8

장자 아내의 죽음

곡을 멈추고 노래를 부르다

장자의 아내가 죽자 혜자가 문상을 갔습니다. 그런데 장자는 두 다리를 뻗고 앉아 동이를 두드리며 노래를 부르고 있었습니다. 혜자가 말했습니다.

"아내와 함께 살았고, 자식을 길렀으며, 함께 늙었습니다. 그런 부인이 죽었는데 곡을 안 하는 것은 그렇다 치더라도 동이를 두드리며 노래를 부르다니 너무 심하지 않습니까?"

장자가 말했습니다.

"그렇지 않습니다. 아내가 죽었을 때 나라고 어찌 슬픔이 없었겠습니까? 그런데 아내가 태어나기 이전을 생각해 보니 본래 삶이란 게 없더군요. 삶만 없었을 뿐 아니라 본래 형체조차 없었으며, 형체만이 아니라 기운조차 없었습니다. 황홀한 가운데 섞여 있다가 변하여 기운이 생기고, 기운이 변하여 형체가 생기고, 형체가 변하여 삶이 있게 된 겁니다. 이제 다시 변하여 죽은 것입니다. 이것은 봄, 여름, 가을, 겨울의 사계절이 바뀌는 것과 마찬가지입니다. 아내는 지금 하늘과 땅이라는 거대한 방 속에 편안히 누워 쉬고 있습니다. 그런데도 내가 소리 내어 곡을 한다면 자연의 운명을 받아들이지 못하는 것이지요. 그래서 곡을 멈추고 노래를 한 것입니다."

— 〈지락〉 3

일찍이 소크라테스는 "철학은 죽음의 연습"이라면서 철학자야말로 죽음을 두려워하지 않는 자라고 말한 바 있다. 그의 제자 플라톤은 『파이돈』에서 소크라테스가 사약을 먹고 죽는 바로 그날, 슬픔에 사로잡힌 가족들을 밖으로 보내고, 친구들과 죽음과 그 죽음을 맞이하는 태도에 대하여 철학적 대화를 나눈 이야기를 담고 있다. 소크라테스는 인간의 몸은 죽을지라도 영혼은 불멸한다는 것을 논증하며 친구들과 담담하게 이성적으로 명철하게 죽음과 영혼에 대하여 철학하고 있다. 소크라테스의 4부작 중에서 가장 많은 분량을 차지하고 있는 이 책을 읽다 보면 살짝 웃음이 나온다. 죽는 날 이렇게 태연하게 철학적 대화를 나눌 수 있는 사람이 과연 있을까? 죽음의 두려움을 떨쳐 내는 참으로 고급스런 방식이다. 소크라테스의 신념대로 죽음 이후에도 영혼이 불멸하는 것이라면 슬퍼할 이유는 없다. 사실 본질은 죽지 않은 것이므로.

이와 대조할 만한 것이 바로 장자의 죽음 명상이다. 아내의 주검을 앞에 놓고 장자는 잠시 슬퍼하며 곡을 했던 것 같다. 하지만 이내 멈추고 죽음을 우주적으로 생각해 본다. 추론의 결론은 삶이란 본래 없었다는 지점에 도달한다. '황홀함 → 기운 생김 → 형체 생김 → 삶 → 형체 없음 → 기운 없음 → 황홀함'의 순환 과정에서 삶이란 잠깐 동안의 모습일 뿐이다. 이제 삶은 다시 황홀함으로 돌아간다. 하늘과 땅이라는 거대한 방 속으로. 장자는 이를 '현해(懸解)'라고 설명한 바 있다. 삶에 묶여 있다가 드디어 풀려난 것이다. 아내는 우주 속으로 해방되었기에 노래로 축하할 만하다. 장자가 곡을 멈추고 동이를 두드리며 노래를 부른 이유다.

장자 사전에 '불멸'이라는 단어는 없다. 봄, 여름, 가을, 겨울로 계절이 변화하듯, 모든 것은 변화의 한 지점일 뿐이다. 삶이란 잠시 쉬는 정거장이고, 잠시 묵는 여관방이다. 이렇게 생각해 보면 잠시 쉬는 정거장이나 잠시 묵는 여인숙에 온갖 물건을 쌓아 두고, 그곳에서 마치 영원히 살 것처럼 행동하는 것이 오히려 어리석은 것 아닐까? 즐겁게 지내다가 즐겁게 가면 된다. 장자 식으로 표현하면 "사는 것이 즐겁다면 죽는 것도 즐겁다."

서양철학이 죽음을 불멸로 극복하려 했다면, 동양철학은 죽음을 자연스런 변화로 수용한다. 어떠한 태도가 더 성숙하고 인간에게 도움이 될지 속단하기는 어렵지만, 나는 장자 쪽으로 완만한 기울기를 형성할 것이다. 몸을 떠난 순수한 영혼이나 플라스틱처럼 썩지도 사라지지도 않는 불멸 따위를 믿지 않기 때문이다.

그런데 살짝 궁금한 것은 이것이다. 장자가 아내의 주검 앞에서 이런 생각을 펼치는 동안, 아내가 다시 살아나서 장자의 모습을 본다면 어떤 일이 벌어질까? 장자를 보며 지그시 웃었을까, 아니면 혀를 끌끌 차며 고개를 절레절레했을까? 그도 아니라면 장자가 두드리던 동이를 빼앗아 장자의 머리에 냅다 꽂았을까?

9

장자의 죽음

나의 무덤은 우주다

장자가 임종할 때였습니다. 제자들이 장례를 성대히 치르고 싶어 했습니다. 그때 장자가 말했습니다.

"하늘과 땅이 나의 관과 관 뚜껑이 될 것이다. 해와 달이 한 쌍의 구슬 장식이 될 것이다. 온갖 별들이 진주와 옥 장식이 될 것이다. 세상 만물이 나의 저승길 선물이 될 것이다. 이 정도면 나의 장례용품은 다 갖추어진 것이다. 여기에 무엇을 더 보태려 하느냐?"

제자들이 말했습니다.

"저희들은 까마귀나 솔개가 선생님을 뜯어 먹을까 두렵습니다."

장자가 말했습니다.

"위쪽에 놓아두면 까마귀와 솔개가 먹을 것이고, 아래쪽에 묻으면 땅강아지와 개미들이 먹을 것이다. 어차피 어느 쪽이든 먹을 것인데 위쪽 것을 빼앗아 아래쪽에 주는 것은 불공평하지 않느냐? 어찌 그리 편벽된 생각을 하고 있느냐."

—〈열어구〉 17

아내가 죽었을 때 동이를 치며 노래를 부르던 장자는 이제 임종을 맞이한다. 장자의 정확한 생몰연대는 알 수 없으나 대략 기원전 369년쯤에 태어나 송나라가 멸망한 기원전 286년에 사망했을 것으로 추정된다. 80세가 넘도록 살았으니 단명한 것은 아니다. 장자의 제자들이 몇 명이나 되는지, 그들이 후대에 어떤 영향력을 끼쳤는지 자세히 알 수 없으나, 『장자』 책의 외편과 잡편을 후대의 저술로 삼는다면, 장자 사후에도 장자의 뜻을 이어받아 도가의 활동을 전개한 제자들은 많았을 것이다. 어쨌든 스승의 임종을 맞이하여 제자들은 성대한 장례 절차를 밟기를 원한다.

스승의 장례가 성대하면 제자들의 영광도 빛나기 때문이다. 실제로 공자가 죽자 그의 제자들은 3년상을 치렀고, 자공은 거기에 3년을 더 보태어 6년상을 치렀다. 이로 인해 공문에서 자공이 차지하는 지위가 높아졌음은 능히 짐작할 수 있다. 스승의 무덤을 6년이나 지킨 제자라면 칭송받아 마땅한 위치를 차지하게 된다. 장자가 그러한 욕망을 품고 있는 제자들을 몰랐을 리 없다.

장자는 죽음으로 마지막 가르침을 전한다. "나는 죽어 우주로 돌아간다. 나의 무덤은 우주다. 하늘과 땅, 해와 별, 온갖 별들과 만물이 나의 죽음에 동참한다. 여기에 그 어떤 것도 보태지 마라. 오래 기억하겠다고 매장하지 마라. 그냥 한적한 곳에 나의 시신을 놓아두라. 까마귀나 솔개가 먹도록 그냥 놔둬라. 그것으로 족하다." So Cool! 역시 장자다. 언행일치라면 이런 것이 언행일치일 것이다.

그러면 정말 장자의 유언대로 장자의 묘는 없을까? 있다. 장자의 출생지인 송나라 몽(蒙, 현재 중국 허난성)의 장자 능원 안에 작고 초라하게 있다. 공자 사당에 비하면 정말 초라할 정도지만, 가족과 제자들이 장자를 그냥 버려두지는 못했던 듯하다. 누구나 와서 놀고 갈 수 있도록 방치(?) 되어 있다. 이 역시 장자답다.

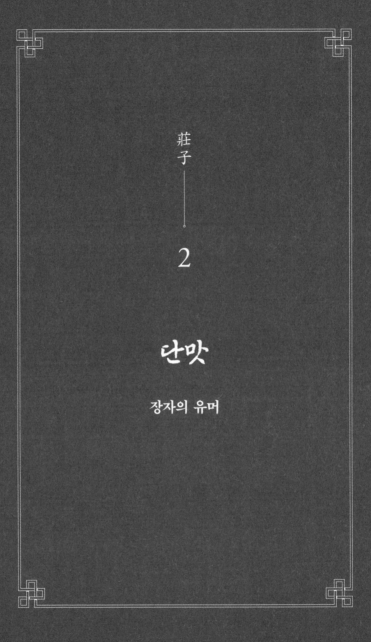

莊子

2

단맛

장자의 유머

1

우정과 권력

우정과 권력은 다른 선분이다

혜자가 양나라의 재상으로 있을 때, 장자가 그를 만나러 갔습니다. 그러자 어떤 사람이 혜자에게 말했습니다.

"장자가 이 나라에 왔답니다. 아마도 선생의 자리를 노리는 것 같습니다."

혜자는 놀라 사람들을 시켜 사흘 밤낮으로 장자의 행방을 찾게 했습니다. 장자가 그 사실을 알고 혜자를 찾아가 말했습니다.

"남방에 새가 있는데 그 이름은 원추라고 부릅니다. 당신도 그 새를 알지요? 원추라는 새는 남해에서 출발하면 북해까지 날아가는 동안, 오동나무가 아니면 앉지 않고, 대나무 열매가 아니면 먹지 않고, 단 샘물이 아니면 마시지 않습니다. 그런데 올빼미가 썩은 쥐를 갖고 있다가, 원추가 날아오자 자기 것을 빼앗을까 봐

꽥! 하고 소리를 질렀답니다. 지금 당신은 양나라 재상 자리를 잡아 놓고 나에게 꽥! 소리를 지른 거지요?"

—⟨추수⟩ 14

인간관계는 상하관계와 평등관계가 있다. 상하관계는 명령과 복종의 관계이다. 주인과 종, 상사와 말단, 고용주와 고용인 등이 상하관계이다. 이와 달리 평등관계는 동기동창, 같은 직급의 동료, 애인 사이 등이다. 신분사회에서는 상하관계가 주된 관계였다. 그러나 민주주의사회에서는 평등관계가 주된 관계이다. "모든 사람은 평등하다"가 민주사회의 모토이다.

하지만 모토가 곧 현실은 아니다. 자본주의 사회는 돈이 왕인 것처럼 착시현상을 만든다. 인간의 삶을 위해 돈이 만들어졌는데, 오히려 인간이 만든 돈이 인간을 지배한다. 자신이 만든 것이 자신을 지배할 때, 이런 현상을 '소외(疏外)'라고 한다.

소외현상이 만연한 사회에서는 평등관계를 상하관계로 뒤바꾼다. 종업원과 손님의 경우도 마찬가지다. 돈을 쥐고 있는 손님이 주인 행세를 한다. 심지어 왕 노릇하려고 한다. "손님은 왕이다"라는 말을 처음으로 말한 사람은 스위스 태생의 호텔 경영인 세자르 리츠(César Ritz)였는데, 실제로 이 호텔을 이용했던 사람들은 주로 왕족이거나 귀족이었다고 한다. 그러니까 이말은 사실적 진술이었던 셈.

명령과 복종의 상하관계에서는 절대로 우정이 발생할 수 없다. 우정은 전적으로 평등관계여야 한다. 일방적으로 리드하는 우정은 없다. 우정은 평등하게 주고받는 것이다. 사랑도 마찬가지. 일방통행은 없다. 사로 아끼고 서로 나누는 것이 사랑이다.

장자는 우정으로 혜자(혜시)를 만나려 왔는데, 혜자는 권력을 빼앗으러 온 것으로 오해했다. 여기서부터 삐딱선이 형성된다. 우정과 권력은 다른 선분이다. 즐거운 만남은 사라지고 불쾌한 만남이 이루어질 뻔했다. 그러나 장자가 누군가. 비록 독설가이긴 하지만 그는 친구와의 결별 대신 '독한' 우정을 선택한다. 할 말은 하되 우정의 끈을 놓지 않는다. "여보게, 이 친구야. 나는 권력 따위는 안중에도 없는데, 자네는 나를 그렇게 모르나? 왜 그리 호들갑인가. 정신 차려, 이 친구야!" 이 말을 들은 혜자의 표정은 어땠을까? 머쓱하니 얼굴을 붉히며 피식 웃었을까? 창피해서 고개를 숙이고 송구스러워했을까? 그건 아마도 혜자의 그릇 크기 문제일 테니, 상상에 맡긴다.

2

해골과의 대화

부활은 싫소

장자가 초나라로 가다가 앙상한 해골을 보았는데, 바싹 말라 겨우 형체만 남아 있었습니다. 장자가 말채찍으로 해골을 두드리며 물었습니다. "그대는 살다 보니 도리 없이 이리되었는가? 나라가 망해 처형을 당해 이리되었는가? 좋지 못한 행실로 부모와 처자에게 치욕을 안겨 자살한 것인가? 춥고 굶주려 죽은 것인가? 늙어 죽은 것인가?" 그러고는 해골을 끌어다 베고 누워 잤습니다.

한밤중에 해골이 꿈에 나타나 장자에게 말을 걸었습니다. "조금 전에 당신이 한 얘기는 꼭 변사 같구려. 그런데 당신의 얘기를 들어 보니 모두 산 사람들의 괴로움입디다. 죽고 나면 그런 걱정은 사라진다오. 어디 죽음에 대해 한번 들어 보시려우?"

장자가 말했습니다. "그럽시다."

해골이 말했습니다. "죽으면 위로는 왕이 없고, 아래로는 신하가 없소이다. 사철 변화도 없구요. 그냥 천지를 봄가을로 삼으니 비록 왕이라한들 이보다 즐겁겠소이까?"

장자는 그 말이 믿기지 않아 해골에게 물었습니다. "내가 생명을 관장하는 신에게 부탁해 그대의 몸을 살리고, 뼈와 살과 살갗을 갖추게 하여 부모처자와 고향 친지들에게 돌아가게 해 준다면 그리하시겠소?"

해골은 눈살을 찌푸리며 말했습니다. "내가 어찌 왕의 즐거움을 버리고 다시 고달픈 인간 세상으로 돌아가겠소이까?"

— 〈지락〉 5

죽음은 항상 두려운 것이다. 그래서 죽음을 그리는 서양의 그림 속에는 해골이 많이 등장한다. 특히 정물화나 인물화에 등장하는 경우가 있는데 이런 그림을 '바니타스(vanitas)화'라고 한다. 기독교 성경에 나오는 〈전도서〉의 한 대목 : "헛되고 헛되니 모든 것이 헛되도다(Vanitas vanitatum omnia vanitas)"라는 구절에서 따왔다. '헛됨' 또는 '덧없음'이란 뜻이다. 영어로는 '베니티(vanity)'! 중세 유럽의 흑사병과 30년 전쟁 등 암울한 시대상황을 반영하고 있다. 바니타스화를 찾아보면, 깃털 펜과 책(인간의 지식)은 멈췄고, 촛불(생명)은 꺼졌고, 유리잔(쾌락, 즐거움)은 뒤집혔다. 바니타스화에 꼭 등장하는 해골은 죽음의 경고이다.

　인류는 이 죽음의 문제를 처리하기 위하여 종교적으로, 철학적으로 많은 이야기를 해 왔다. 죽음의 문제를 부활로 해결한 것이 기독교다. 기독교는 부활(復活, resurrection)의 종교다. 신의 아들 예수도 부활했고, 사도 바울은 부활이 없다면 모든 것은 헛된 것이라 말했다. 기독교가 약속하는 천국도 죽은 이들을 부활시켜 사는 곳이다. 사도 바울은 육체의 부활까지 포함시키는 강한 부활론자이다. 고대 그리스인들은 부활보다는 영혼 불멸을 믿었다. 인도인들은 환생(還生)을 믿는다. 윤회(輪回)사상은 그렇게 탄생하였다. 부처는 환생이나 부활이 좋은 것만은 아니라고 보았다. 다시 태어나 봐야 고생이기 때문이다. 부처가 된다는 것은 '다시 태어나지 않는 자'가 된다는 뜻이다.
　니체라면 부활을 조롱했을 것이다. 아모르 파티(amor fati)의 주창자이니 부활 따위는 상상도 하지 않았으리라. 니체의 영원회귀 사상은 삶이 끊임없이 반복된다는 저주의 말이 아니라, 삶이 끊임없이 반복되더라도 후회하지 않는 선택을 하며 살라는 의지의 사상이다. "그렇다면, 다시 한번!"이라는 외침은 지금의 선택에 후회가 없다는 강조이다.

　현대인들은 어떨까? 부활이 가능하다면 부활을 원할까? 원하지 않을까? 각자 사정에 따라 다르겠다. 살아 봐야 개고생이 라면 다시 태어나고 싶지 않을 것이다. 마음껏 누리지 못하고 갑자기 죽은 자라면 다시 태어나길 간절히 바랄 수도 있겠다. 현대 정주영 회장은 부활을 바랄까? 잘 모르겠다.

　　장자는 해골(죽음)과 꿈속에서 인터뷰를 한다. 장자가 해골을 대하는 방식은 장난기가 넘친다. 장자는 해골을 전혀 무서워하지 않는다. 말채찍으로 머리를 톡톡 치며 마치 친구인 것처럼 농담조로 이야기를 던진다. 꿈속에 나타난 해골 역시 만만찮다. 이 좋은 세상(죽음)을 놔두고 결코 삶으로 돌아가지 않겠단다. 부활은 거절이란다. 산 자와 죽은 자의 대화가 정답다. 장자와 해골의 대화 속에 그리는 죽음의 세계에는 어둠도 공포도 두려움도 없다. 자유롭다. 이야기를 마치고 장자와 해골은 분명 껄껄 웃었을 것이다. 이들에게 부활 따위는 별무소용이었을 것이다. 장자도 알고 해골도 안다. 그냥 농담조로 장난을 친 것이다. 장자, 죽음과도 노는 자!

3

생명의 계보학

돌고, 돌고, 돌아가는 세상

열자가 여행을 하다가 길가에서 밥을 먹고 있었습니다. 마침 백 년은 묵었을 해골을 발견하고는 쑥대를 뽑아 해골을 가리키면서 말했습니다.

"오직 나와 그대만이 진정한 죽음도 없고, 진정한 삶도 없다는 것을 알고 있구려. 과연 죽어 있는 그대는 슬픈가요? 살아 있는 나는 기쁠까요?

씨에는 생명이 있다지요. 이것이 물속에서는 수초가 되고, 물가에서는 이끼가 되며, 언덕 위에 나면 질경이가 된답니다. 질경이가 거름더미에서는 오족이라는 독초가 되지요. 오족의 뿌리는 굼벵이가 되며, 그 잎새는 나비가 된답디다. 얼마 지나지 않아 나비는 부뚜막에 사는 벌레가 된다는데, 껍질을 벗은 모양이

귀꾸라미지요. 이 귀뚜라미가 천 일이 지나면 간여골이라는 비
둘기가 된답니다. 간여골이 뱉은 침이 사미라는 쌀벌레가 되고,
쌀벌레는 식혜라는 모기가 되고, 모기에서 이로라는 벌레가 생
긴다지요. 구유라는 벌레에서 황황이라는 벌레가 생기고, 부관
이라는 벌레에서는 무예라는 벌레가 생긴다고 합디다.

양해라는 풀은 죽순이 되고, 죽순이 자라 해묵은 대나무가 되
면 청녕이라는 벌레를 낳지요. 그 벌레가 표범을 낳고, 표범이
말을 낳고, 말이 사람을 낳기도 한다지요. 그리고 사람은 다시
씨앗으로 돌아간답니다. 이러한 변화를 보면, 모든 것은 씨앗에
서 나서 씨앗으로 돌아가는 것 아니겠습니까.”

— 〈지락〉 7

다시 해골이 등장한다. 이번에는 화자(話者)가 열자(列子)다.
족보를 따져 보면 노자가 관윤에게 『도덕경』을 전하고, 관윤은
열자를 가르쳤으니 열자는 장자의 선학(先學)이다. 열자는 기원
전 4세기경의 인물로, 이름은 어구(禦寇)다. 『장자』 32편이 〈열
어구(列禦寇)〉 편이니, 장자가 그를 선학 대접하고 셈이다.

장자가 열자의 입을 빌어 백년은 묵었을 해골에게 일장 연설
을 하시는데, 주제는 끝없이 펼쳐지는 생명의 계보학이다. 듣
도 보지도 못한 생명체의 이름이 넘쳐난다. 대충 보면 ‘씨앗 →
식물 → 벌레 → 새 → 표범 → 말 → 사람 → 씨앗’으로 이어진

다. 크게 정리하면 '씨앗 → 온갖 생명체들 → 씨앗'으로 순환한다. 살아 있는 열자나 백 년 전에 죽었을 해골이나 이 사이클에서 한 치도 벗어나지 않는다. 낳고, 낳고, 낳거나, 변하고, 변하고, 변한다. 생명의 탄생과 변신은 이처럼 궁궁무진(弓弓無盡)하다. 장자의 낙천적 세계관은 이러한 생명관에서 비롯되었다.

지구상의 모든 존재는 생명 그물망의 한 코이며, 모든 존재는 서로 연결되어 있다. 약육강식을 꿈꾸는 약탈적 생명관에서는 먹이 사슬을 상상하지만, 공생공존을 꿈꾸는 양생적 생명관에서는 생명 그물을 상상한다. 모든 것은 모든 것과 연결되어 있고, 단 한 생명도 소외되지 않는다. 이 무한 가능의 생명관이 장자(와 열자)의 생명관이다. 이러한 생명관은 인디언과도 상통한다. 1853년 피어스 미국 대통령이 시애틀 추장에게 땅을 팔라고 협박(?)했을 때, 시애틀 추장은 편지를 보내 답했다. 다음은 그 편지의 일부분이다.

"우리에게는 이 땅의 모든 부분이 거룩하다. 빛나는 솔잎, 모래 기슭, 어두운 숲속 안개, 밝게 노래하는 온갖 벌레들, 이 모두가 우리의 기억과 경험 속에서는 신성한 것들이다. 나무 속에 흐르는 수액들은 우리 홍인(紅人)의 기억을 실어 나른다. 백인은 죽어서 별들 사이를 거닐 적에 그들이 태어난 곳을 망각

해 버리지만, 우리가 죽어서도 이 아름다운 땅을 결코 잊지 못
하는 것은 이것이 바로 우리 어머니이기 때문이다.

우리는 땅의 한 부분이고, 땅은 우리의 한 부분이다. 향기로
운 꽃은 우리의 자매이다. 사슴, 말, 큰 독수리, 이들은 우리의
형제들이다. 바위산 꼭대기, 풀의 수맥, 조랑말과 인간의 체온,
모두가 한 가족이다."

그들은 모든 존재를 형제자매로 보았다. 그래서 이름도 '열
마리 곰', '구르는 천둥', '늑대와 춤을' 등이다. 장자는 전쟁의
시대인 전국시대에 생명, 평화, 공존, 순환을 꿈꿨다. 이 꿈이
21세기 우리의 꿈이 되었으면 좋겠다.

4

나르시시즘의 불행

자백하지 마라

양자가 송나라에 가서 한 여관에 묵게 되었습니다. 여관 주인에게는 첩이 둘 있었는데 하나는 미녀고 다른 하나는 추녀였습니다. 그런데 어찌된 일인지 추녀가 귀여움을 받고 미녀는 천대를 받고 있었습니다. 양자가 그 까닭을 묻자 주인이 말했습니다.

"예쁜 첩은 자기가 예쁜 줄 너무 잘 알기에 예뻐 보이지 않더라고요. 그런데 다른 첩은 자기가 부족한 줄 알기에 못나 보이지 않습디다."

양자가 제자들에게 말했습니다.

"너희들은 기억해 두거라. 현명하게 행동해도 스스로 현명하다 하지 않으면 가는 곳마다 편안하고, 사랑을 받을 것이다."

— 〈산목〉 9

'자빽'이라는 화투계의 전문용어가 있다. 자신이 싼 패를 자신이 회수한다는 말로, 요행이 회수하면 부러움을 사지만, 의도적으로 회수하면 미움을 사게 된다. 여기서 핵심은 '비의도성(非意圖性)'이다. 의도하지 않은 행위는 미움받을 가능성이 적지만, 의도한 행위는 반드시 미움을 받는다.

예쁜 것도 마찬가지. 자연스럽게 드러나게 되면 부러움을 사지만, 의도적으로 잘남을 드러내면 미움을 사게 된다. 그러니 선남선녀(善男善女)들이여, 자중자애(自重自愛)하라. 자중자애(自重自愛)라 말하니 뜻 그대로 '스스로 귀히 여기고, 스스로 사랑하라'는 말만 생각한다면, 반만 아는 것이다. 자중자애(自重自愛)의 본령은 '드러나지 않음'에 있다. 옛 어른들이 자중자애하라고 당부하면, 그 말은 '나대지 말라'는 뜻이다. 나대다의 형제지간의 말로는 설치다, 날뛰다, 깐죽대다, 깝죽거리다, 깝씬거리다, 촐랑거리다, 깝치다(사투리) 등이 있다.

화투계의 전문용어가 확장되어 일반적인 의미에서 '자빽'은 강한 '자아도취'를 뜻하기도 한다. '스스로 빽이 간다'는 뜻으로 부정적인 뉘앙스를 풍긴다. '뽕 간다'가 무의식적 도취라면, '빽 간다'는 의식적이고, 과도한 도취이다. 부드럽게 취하면 뽕 가지만, 확 취하면 빽 간다. 뽕 가는 게 초기 증세라면, 빽 가는 건 말기 증세다. 뽕 가는 건 치유가 가능하지만, 빽 가는 건 난

치를 넘어 불치에 이른 것이다. 가끔 뽕 가는 건 괜찮지만, 뻑 가는 건 위험하다.

자뻑에 해당하는 서양 말로는 '나르시시즘(narcissism)'이 있다. 젊고 아름다운 나르키소스가 연못에 비친 자기 모습을 사랑하고, 그에 사로잡혀 연못에 빠지고, 결국 죽게 된다는 괴기스러운 이야기를 배경으로 하는 용어다.

자기 자신에 사로잡히면 안 된다. 자기의 테두리에만 갇혀 지내면서 자기 밖을 보지 못하면 위험하다. 자신보다 약한 밖이라면 그들을 피곤하게 만들 것이고, 자기보다 강한 밖이라면 그들에게 미움을 사서 곤경에 처할 것이다. 그러니 제발 자중자애(自重自愛)하라!

5

도의 거처(居處)

도는 언제나, 어디에나, 무엇에나

동곽자가 장자에게 물었습니다.

"도라는 것은 어디에 존재하는 것입니까?"

장자가 말했습니다.

"어디에든 존재하지 않는 곳이 없습니다."

"예를 들어 지적해 주십시오."

"땅강아지나 개미에게 있습니다."

"어찌 그처럼 하찮은 곳에 있습니까?"

"강아지풀이나 잡초에도 있습니다."

"어찌 더욱 하찮은 것에 있습니까?"

"기와나 벽돌에도 있습니다."

"어찌 더욱 심해집니까?"

"똥이나 오줌에도 있습니다."

동곽자가 대꾸하지 않았습니다. 장자가 말했습니다.

"선생의 질문 자체가 부족했습니다. 돼지가 얼마나 살이 쪘는지 확인하는 방법으로 돼지를 밟아 보는 것이 있는데, 살이 덜찌는 부위를 밟을수록 더 정확히 알 수 있다고 합니다. 이와 마찬가지로 어딘가에서만 길을 찾으려는 질문은 잘못된 것입니다. 세상 만물은 그 어느 것도 도에서 벗어나지 않습니다. 지극한 도도, 위대한 언어도 마찬가지입니다. 도가 언제나, 어디에나, 무엇에나 있다는 말은 말은 다르지만 뜻은 같습니다. 모두 매한가지입니다."

— 〈지북유〉 11

동양철학에서 '도(道)'만큼 널리 두루 쓰이는 말은 없다. 어떠한 유파의 철학이라도 결국은 도(道)를 찾으려는 것이다. 이 도를 진리(the Truth)라 풀기도 하고, 길(the Way)이라 풀기도 하며, 방법으로 번역하기도 한다. 진리에 도달하는 길, 진리를 알아채는 방법, 그것이 도(道)다.

그러니 학문하는 자는 응당 진리가 어디에 있냐고 질문해야 한다. 궁극적 질문이기 때문이다. 그런데 장자는 이 질문 자체가 부족한 것이라고 한다. 진리를 무엇에 한정하여 찾는다는 것은 진리를 특권화하는 것이다. 특정한 것에만 진리가 있다면, 어떤 것에는 진리가 없다는 말이 된다. 장자는 말한다. "진리가 존재하지 않는 곳은 없다.[無所不在]" 이것이 대전제다. 하늘 아래 있는 것들은 그 어느 것도 빠짐없이 언제, 어디서나 하늘 아래 있다. 위대한 진리, 위대한 언어는 무엇 하나 빠뜨리지 않는다. 이렇게 말하든, 저렇게 말하든 모두 진리를 말하는 것이다. 모든 손가락이 모두 한 방향을 가리키는데, 어느 한 손가락만 특별히 사랑하는 것은 얼마나 편협되고 어리석은 일인가.

[至道若是, 大言亦然. 周遍咸三者, 異名同實, 其指一也]

열 손가락 깨물어 안 아픈 손가락이 없다지. 왜 그런가? 모두가 한 몸에 연결되어 있기 때문이다. 만물은 모두가 하나의 도에 연결되어 있다. 언제나, 어디서나!

고통과 절망 속에서 우리는 신(神)이 어디에 있냐고 질문하기도 한다. 장자의 대전제에 따르면 이는 부족한 질문이다. 신이 없는 곳은 없기 때문이다. 차라리 이렇게 말해야 한다. 지금 우리와 함께 하는 신은 어떠한가? 물어 뭐 하는가? 우리와 함께 고통과 절망을 견뎌 내고 있다. 우리의 탄식이 신의 탄식이고, 우리의 기도가 신의 기도이다. 그러니 어떠한 길을 걷든지, 꽃길이든지, 자갈길이든지 그 속에서 그대의 신을 발견하시길.

6

욕망의 다이어트법

자신을 잊은 자가 최고다

서무귀가 여상의 소개로 위나라 무후를 만났습니다. 무후가 그를 위로의 말로 맞이했습니다.

"안색을 보니 산속에서 지내시느라 고생이 많으셨나 봅니다. 그래서 과인을 만나러 오셨군요."

서무귀가 응대하였습니다.

"제가 임금님을 위로하려 왔는데, 어찌 저를 위로하십니까? 병이 드신 것은 오히려 임금님이십니다. 임금께서는 욕망을 채우려고 좋고 싫은 감정을 따라 사셨네요. 그래서 타고난 참모습을 해치고 계셨습니다. 그런데 이번에는 욕망을 물리치려고 애증의 감정을 버리려 하시니, 귀와 눈이 병들어 버렸습니다. 저야 말로 임금님을 위로해 드리려 왔는데, 어찌 임금께서 저를 위로

하신단 말씀이십니까?"

무후가 언짢아 아무 대꾸를 하지 않았습니다. 서무귀가 잠시
뜸을 들이다가 말했습니다.

"제가 사냥개 감정하는 법을 이야기해 드릴까요? 질 낮은 놈
은 배불리 밥만 먹으면 그만입니다. 살쾡이 새끼와 같지요. 중질
의 개는 밥은 안 먹고 멍하니 해를 쳐다봅니다. 최고의 사냥개는
자신을 잊은 듯합니다. 사냥개 감정법보다 더 재미난 것이 명마
감정법입니다. 좋은 말은 곧바로 갈 때는 먹줄로 그은 듯, 굽어
돌 때는 둥근 원을 그린 듯, 방향을 직각으로 틀 때는 곱자로 그
린 듯 딱 들어맞습니다. 이런 말이 좋은 말이지요. 그런데 이런
말도 천하의 명마는 되지 못합니다. 천하의 명마는 천성의 재질
을 갖추고 있어, 고요하고 안정되어 있습니다. 자신을 잊은 듯합
니다. 이런 말이 한번 달리면 다른 말을 앞질러 질풍처럼 달리면
서도 먼지 하나 일으키지 않습니다. 얼마를 달려야 멈춰야 하는
지 모를 정도입니다."

무후는 대단히 기뻐하며 껄껄 웃었습니다.

—〈서무귀〉1

위나라의 무후는 전쟁을 좋아한다. 명성을 떨치고 싶기 때
문이다. 그러자 사방에서 원망의 소리가 들려온다. 그러자 이
번에는 백성을 사랑하고 정의를 위한다며 전쟁을 멈추겠단다.

전쟁을 할 때도 과시하더니, 전쟁을 멈추면서도 과시한다. 이 정도면 '자뻑' 수준이다. 백성부터 주변의 신하까지 안절부절이다. 전쟁을 해도 걱정, 안 해도 걱정이다. 임금의 변덕이 죽 끓듯 하기 때문이다. 신하 여상이 서무귀에게 도움을 요청한다. "제발 우리 임금 좀 살려 줘!"

지인의 절박한 도움 요청에 마지못해 은둔했던 서무귀가 무후를 만났다. 개기름 흐르는 위나라 무후가 서무귀의 기름기 없는 안색을 걱정한다. 서무귀가 따끔하게 한마디한다. "내가 아픈 게 아니고 당신이 아프다"라고! 진단을 내렸으니, 처방을 내릴 차례. 직접 말하지 않고 돌려 말한다. 장자류의 비기(祕技)다. 이른바 명견과 명마 판별법. 일언이폐지하고 명견과 명마의 공통점은 '자신을 잊는 것'이다. 한자로는 '망기일(亡其一)' 또는 '상기일(喪其一)'이라 한다. 어디에도 사로잡히지 않는 자유로운 상태의 유지가 바로 '자신을 잊는 것'이다. 이러해야 한다거나, 저러해야 한다는 기준에 사로잡히면 유연성을 상실한다. 그러니 어디에도 사로잡히지 않고 본래 삶의 모습에 충실한다.

바야흐로 다이어트의 시대다. 오늘만 먹고 내일부터 다이어트! 맛있게 먹으면 살로 가지 않는다. 때로는 폭식(暴食)하다 낙담하여 거식(拒食), 음식과의 전쟁이다. 몸에 좋다는 것은 다 먹고, 살 빼기에 좋다는 것도 다 먹는다. 병 주고 약 주고. 음식을 예찬하다가, 다이어트를 극찬한다. 이 끊임없는 진자(振子) 운동! 먹으면서 몸을 망치고, 빼면서 몸을 망친다. 위나라 무후와 같다. 욕망에 사로잡혔다가 정의에 사로잡힌다. TV를 보면 '먹방'으로 욕망을 부추기고, '다이어트'로 건강을 부추긴다. 다른 것 같지만 같은 것이다. 욕망의 노예로 만드는 것이다. 음식의 노예, 건강의 노예! 자연스럽고 좋은 삶은 점점 사라지고, 시간과 돈을 낭비하는 욕망의 삶이 우리를 지배한다. 이렇게 다이어트가 힘들 거라면 참치로 태어날 걸 그랬다.

7

도굴꾼 선비

척이나 하지 말지

선비들이 『시경』과 『예기』를 들먹이며 남의 무덤을 도굴하고 있었습니다. 큰 선비가 무덤 위에서 아래쪽에 대고 말했습니다.

"동녘이 밝아 오네. 일은 어찌 되었을꼬?"

작은 선비가 무덤 속에서 말했습니다.

"속옷은 그대로인데, 입속에 구슬 빛이 영롱합니다."

큰 선비가 말했습니다.

"『시경』에 이르기를 '짙푸른 보리, 무덤가에 무성하네. 살아서 베풀지 못하던 자, 죽어 어찌 구슬을 머금을꼬'라는 구절이 있잖은가. 그놈의 머리를 잡고 그의 턱수염을 누르시게. 다음에 등뼈로 턱을 톡톡 쳐서 천천히 입을 벌리시고. 구슬을 꺼낼 때는 상하지 않도록 조심하시고."

―〈외물〉4

유학자들의 도의(道義)를 비판하던 학파에는 묵가(墨家), 법가(法家), 도가(道家)가 있는데, 그중 으뜸은 아마도 도가가 아닐까 싶다. 도가 중에서도 특히 장자학파! 『장자』 외편 중 〈거협〉 편에서는 아예 유가를 비판하기로 작정한 듯 유가를 도적 취급한다. 그중 일부분을 읽어 보자.

"허리띠의 고리를 훔친 자는 처형을 당하지만 나라를 훔친 자는 제후가 된다. 제후의 문안에는 인의(仁義)가 존재한다. 그러니 이것은 인의와 성인의 지혜까지 훔친 것이 아닌가? 그러므로 큰 도적의 방법을 따라 제후가 일어나게 되는 것이다. 인의와 되와 말과 저울, 부신과 도장의 편리함을 훔치는 것은 높은 벼슬을 상으로 줘도 막을 수 없는 것이며, 도끼로 위협을 해도 금지시킬 수 없는 것이다. 이처럼 도적을 이롭게 하면서도 그것을 금지시킬 수 없는 것은 바로 성인의 잘못인 것이다."

— 〈거협〉4

유학자가 숭상하는 성인(聖人)도 도적의 수호자다. "세상의 지혜라는 것 중에 큰 도적을 위해 재물을 쌓아 놓는 것이 아닌 것이 있는가? 이른바 성인이란 큰 도적을 위해 지켜 주는 사람이 아닌 이가 있는가?"(거협, 2) 사태가 이 정도라면 위의 에피소드에 나오는 큰 선비나 작은 선비는 귀엽기조차 하다. 잡히면 시신손괴(屍身損壞)로 인해 가중처벌을 받겠지만, 훔친 것이 고작 입속의 구슬 한 알인 걸 보면, 생계형 도굴범인 것 같기도 하고 쿵짝이 맞는 걸 보면 형제인 듯도 하다. 지식인인데 어설 퍼 등용이 안 되었나? 번번이 낙방을 하면서도 과거 시험을 준 비하는 가난한 유생(儒生)들인가 싶기도 하다. 장자는 유생을 희롱의 대상으로 삼았으나, 나는 적극 가담하지 못한다.

나 역시 큰 도적은 되지 못하고 가난한 지식인으로 살다 보 니 무덤을 도굴하는 두 선비에게 연민의 감정이 생겼나 보다. 나 역시 남의 죽은 지식을 도굴하여 팔아먹고 사는 처지 아니 던가. '지식의 장발장이여, 잡히지 마라. 어서 구슬을 꺼내 들 고 무사 귀환하라!' 속으로 이렇게 외치게 된다.

+

〈상념(想念)〉

대한민국은 고시 지옥이다. 2020년 약 5천 명 뽑는 공무원 시험에 18만 5천 명이 지원했으니 이렇게 치열할 수가 없다. 행정직이 경우 223.9대 1의 경쟁률이다. 20대 부터 40대까지 연령도 다양하다. 재수, 삼수, 사수도 마다하지 않는다. 그나마 다른 시험에 비해 기회가 평등하고, 공정하게 경쟁할 수 있다고 믿기 때문이다. 하지만 공 부원 시험도 가구소득에 비례해 합격한다는 슬픈 소식도 전해진다. 이러나저러나 가 난이 원수다. 고시생들의 건투를 빈다. 밥은 먹고 다니길!

8

쓸모없음의 쓸모

그대가 밟지 않은 땅

혜자가 장자에게 말했습니다.

"그대의 말은 쓸모가 없습니다."

장자가 말했습니다.

"쓸모없음을 알아야 비로소 쓸모를 말할 수 있습니다. 땅이란 넓고도 크지요. 하지만 사람들이 걸을 때 쓸모 있는 땅은 발이 닿는 부분일 것입니다. 그렇다고 발이 닿는 곳만 남겨 놓고 나머지 쓸모없는 땅을 황천에 이르도록 깎아 낸다면 그래도 그곳을 밟을 수 있을까요?"

혜자가 대답했습니다.

"밟을 수 없겠지요."

장자가 말했습니다.

"그렇다면 쓸모없는 땅이 얼마나 쓸모 있는지 분명히 아시겠지요."

—〈외물〉7

혜시가 대변하는 가치는 '쓸모 있음'이다. 사용가치가 있는 것, 유용한 것이 중요하다. 일종의 효용론이다. 박씨를 심었는데 너무나 커다란 박이 열려 바가지로 만들 수 없다면 그 커다란 박은 쓸모없는 것이다. 나무를 심었는데 나무줄기와 가지가 뒤틀어져 목재로 쓸 수 없다면 그 나무는 쓸모없는 것이다. 그때마다 장자는 혜시의 견해에 딴지를 건다. 박이 커서 바가지를 만들 수 없다면 배를 만들어 타고 놀면 되지 않느냐고, 나무가 뒤틀려서 목재로 쓸 수 없다면 그 큰 나무의 그늘에 누워서 편히 쉬면 되지 않겠느냐고.

장자는 혜시의 편협한 효용론을 비판하면서 "이 세상에 쓸모없는 것은 하나도 없다"라고, 단지 그것을 쓸모없다고 보는 편견만이 있을 뿐이라고 말한다. 더 나아가 재목으로 쓸모 있어서 제명대로 살지 못하고 베어지는 나무를 안타까워한다. 쓸모 있어 오히려 목숨을 잃게 되었다고, 쓸모없었다면 천수를 누렸을 것이라고 역설한다. 장자는 쓸모의 효용성을 경계한다.

이 세상을 쓸모 있는 것과 쓸모없는 것으로 나누는 것은 참으로 위험하고도 편협한 발상이다. 그때 우리는 물어야 한다. 당신이 말하는 쓸모는 도대체 누구를 위한 쓸모냐고? 무엇을 위한 쓸모냐고? 존재를 존재 그 자체로 인정하지 못하고 도구로 바라보는 시선은, 유용(有用)한 것만 남겨 놓고 무용(無用)하다고 여겨지는 것들을 없애려고 한다. 그런 행위는 장자의 비유처럼, 자신이 밟은 땅만 남겨 놓고 나머지 땅은 천 길 낭떠러지로 만드는 것이다. 그 결과는? 자신조차 한 발자국도 내딛지 못하는 절체절명의 사태를 맞이하게 된다. 그때가 돼서야 뒤늦게 자신이 무용하다고 생각한 것이 유용한 것의 근거이며, 존재의 안받침임을 깨달아도 소용없다.

현대사회는 스펙이 중요하다고 말한다. 자신의 '사용설명서'를 자세히 기록해 놓고 쓰이기를 바란다. 그렇게 해서 어렵사리 구한 직장에서도 다시 자신의 유용성을 증명하기 위하여 밤낮을 가리지 않고 일해야 한다. 철학자 한병철은 이러한 사회를 '피로사회'라고 명명하였다. 자신이 자신을 스스로 착취하는 시대. 피로는 간 때문이 아니라 바로 자신 때문이다. 자신의 쓸모가 자신을 피로로, 죽음으로 몰고 간 것이다.

장자는 말한다. 쓸모만을 추구하는 그대여, 쓸모없음을 없애고 쓸모만을 추구하는 세상은 평안할 것인가? 모든 존재를 그대로 놔두라. 오히려 쓸모의 위험성을 늘 상기하라. 그대가 밟고 간 땅은 점점 불모로 변해 가고 있다. 그렇지만 그대가 밟고 가지 않은 땅을 보라. 새가 날고, 꽃이 피고, 나무가 자라고, 다람쥐가 뛰논다. 존재를 따로 증명할 필요는 없다. 쓸모가 그대를 죽이고, 오히려 쓸모없음이 그대를 살릴 것이다. 그러니 때로는 쓸모없어지길 기도하라.

9

그림자들의 대화

뭐가 뭔지 나도 몰라

옅은 그림자[罔兩]가 짙은 그림자[景]에게 물었습니다.

"당신은 아까는 내려다보더니 지금은 올려다보네요. 아까는 머리카락을 묶더니 지금은 푸네요. 아까는 앉아 있더니 지금은 서 있네요. 아까는 가고 있더니 지금은 멈춰 있네요. 왜 그러는 거지요?"

짙은 그림자가 말했습니다.

"나도 잘 몰라요. 그냥 그러는 거지요. 뭐 그런 걸 물어요. 나는 매미 껍질이나 뱀의 껍질과 같은 거 아닐까요? 그런데 그런 것과 비슷하기는 하지만 남겨진 형체가 없으니 다른 걸지도 몰라요. 나는 불빛이나 햇빛이 있으면 나타나지만, 그늘이 있거나 밤이 되면 사라집니다. 이런 것들을 내가 의지하고 있는 걸까요?

아니면 의지하고 있지 않는 걸까요? 무언가 오면 나도 따라오고, 무언가 가면 나도 따라갑니다. 무언가 강하게 움직이면 나도 강하게 움직입니다. 그러니 나의 움직임에 대해서 나한테 왜 그러냐고 물을 수 있을까요?"

— 〈우언〉 5

사물에 빛을 쏘면 그림자가 생긴다. 아침에는 그림자가 길어졌다가 정오에는 그림자가 사라지고 오후가 되면 점점 그림자가 길어지는 이유이다. 그럼 그림자는 빛 때문인가, 사물 때문인가? 빛이 없거나 사물이 없다면 그림자도 없다. 그림자도 가운데의 짙은 그림자와 주변의 옅은 그림자로 구별할 수 있다. 짙은 그림자의 움직임에 따라 옅은 그림자도 따라간다. 아마 더 옅은 그림자가 있다면 그 그림자는 옅은 그림자의 움직임에 따라가겠지.

사물은 왜 움직이는가? 외부의 영향인가? 내부의 의지인가? 외부의 영향에도 움직이지 않을 수 있는가? 내부의 의지에도 꼼짝 안 할 수 있는가? 어느 정도의 영향이면 움직이는가? 어느 정도의 의지이면 움직이는가? 움직이게 하는 원인은 있는가? 그 원인은 하나인가? 여럿인가?

여럿이라면 어느 것이 결정적이고 어느 것이 부수적인가? 결정적인지 부수적인지 무엇이 결정하는가?

장자의 유머

빛은 왜 생기는가? 자체적으로 생긴 것인가? 빛이 생기게 하는 다른 원인이 있는가? 그 원인은 하나인가, 여럿인가? 빛의 크기와 강도는 무엇에 의해 결정되는가? 그 결정은 정해진 것인가, 변하는 것인가?

질문은 질문을 낳고, 또 그 질문은 다른 질문을 낳는다. 질문의 처음과 끝을 알 수 없으니, 우리가 지금 던지는 질문이 어디에 속한 질문인지도 알기 어렵다. 존재와 관계는 다른 것 같지만, 관계 없는 존재 없고, 존재 없는 관계 없다. 존재는 관계의 연쇄 그물망의 한 마디이며, 그 마디는 또 다른 존재를 낳고 지운다. 그 관계 속에 우리는 존재한다. 끊임없이 생성되고 변화하며 소멸하는 존재의 인드라망 속에!

그러니 자, 물어보자. 그대는 왜 움직이는가? 그대가 움직인 것인가? 무언가 그대를 움직이게 한 것인가? 그대는 왜 멈췄는가? 그대가 멈춘 것인가? 뭔가가 그대를 멈추게 한 것인가? 그대가 원인인가? 그대는 결과인가? 원인이라면 원인이라는 것을 어찌 아는가? 결과라면 그것이 마지막임을 어찌 아는가? 잘 모르겠다고? 나도 잘 모르겠다. 이 잘 모르겠다는 진실을 절실히 안고 살아보자. 그래도 삶은 지속된다.

+

'오직 모를 뿐!' 하나로 일가를 이룬 숭산 스님의 한마디를 써 놓는다.

"70여생 동안 무엇을 했을까? 배고프면 먹고 피곤하면 자고

배고픈 사람에게 밥을 주고, 목마른 사람에게 물을 준다.

왜 그럴까? 오직 모를 뿐. 모를 뿐이라면, 어떻게 할까? 행하라.

오직 모를 뿐 구름 걷히니 밝은 태양이 비추인다. 오직 모를 뿐."

10

용잡는 기술

무기가 생겼으니 무기를 써먹어야지?

장자가 말했습니다. "도를 알기는 쉽지만, 그것을 말하지 않기는 어렵습니다. 알면서도 말하지 않는 것은 묵묵히 자연을 따르는 것입니다. 알았다고 말하는 것은 사람을 따르는 것입니다. 옛날 사람들은 자연을 따랐지 사람을 따르지 않았습니다."

주평만은 지리악에게 용 잡는 기술을 배웠습니다. 천금이나 되는 집을 세 채나 팔아 수업료로 내고 삼 년 만에 기술을 완성했습니다. 그러나 용이 사라지고 말아 그 기술을 쓸 데가 없어졌습니다.

훌륭한 성인은 반드시 해야만 한다는 고집이 없습니다. 그래서 무기가 없습니다. 그런데 많은 사람들은 하지 않아도 되는 일을 반드시 해내려고 합니다. 그래서 무기가 많습니다. 무기가 많으니 무기를 써먹으려고 무언가를 찾아다닙니다. 그러다가 망합니다.

— 〈열어구〉 4, 5, 6

"칼을 뽑았으면 무라고 깎아 먹어야 한다"는 우스갯소리가 있다. 망치를 쥐고 있는 자는 눈에 보이는 것들을 박고 싶고, 계산기를 쥐고 있는 자는 뭔가를 계산하려 할 것이다. 총을 쥔 자는 쏘고 싶고, 칼을 쥔 자는 휘두르고 싶고, 몽둥이를 든 자는 부수고 싶어진다. 자신이 도구를 조정하는 것이 아니라, 도구가 자신을 규정하게 된다.

과학자들은 과학기술을 왜 개발해야 하는지를 묻지 않고 과학기술로 뭘 할 수 있는지를 묻는다. 장사꾼들은 상품을 팔아도 되는지 묻지 않고 어떻게 팔지를 생각한다. 윤리의 부재이다. 자신의 관점과 틀에 갇혀 세상을 그 속에 욱여 넣으려고 하면, 세상은 온전히 있을 수 없다. 왜곡되고 파괴된다.

고기를 더 먹고 더 팔기 위해 동물의 권리는 쉽게 외면한다. 육고기의 문제만이 아니다. 개는 음식(개장국)에서 장난감(애완견)이 되었다가 이제는 반려자(반려견)가 되었다. 말이 반려견이지 개의 번식력을 억제하려고 중성화 수술을 시키고, 집 안에서 키우려고 성대를 자르고, 보기 좋게 하려고 미용을 시키고, 염색을 하고, 옷을 입힌다. 개한테 묻지도 않고 물을 생각도 없이.

　사람들은 자신이 해야만 하는지 묻지 않고 할 수 있는 것들을 그냥 한다. 능력이라면서. 이제는 사람의 능력이 무서워진다. 돈이 많은 사람은 그냥 돈을 쓰고, 지식이 많은 사람은 그냥 지식을 자랑하며, 강한 사람은 그냥 강함을 과시한다. 그것이 끼치는 결과는 생각하지도 않고. 할 수 있으니까 한다. 해도 된다고 생각하며 한다. 심지어 해서는 안 되는 일도 하려고 한다.

　옛날의 주평만은 용이 사라지자 용 잡는 기술을 포기했는데, 오늘날의 주평만은 용 잡는 기술을 써먹기 위해 없는 용도 만들어 낸다. 그래야 자신의 값비싼 기술을 발휘할 수 있으니까. 얼마 전 통일부 장관 후보자 국회 인사 청문회장에서 이인용 후보에게 '원조 빨갱이'를 자처하는 태영호 의원이 "주체사상을 믿느냐?"고 묻는 물음이 바로 용 잡는 기술과 같은 것이다. 사상의 자유가 기본인 민주주의 사회에서 기필코 빨갱이를 만들어 내려 한다. 그 무기가 민주주의를 파괴하는지도 모르고.

　과거에 써먹었던 무기의 소용이 사라졌다면, 그 무기를 녹여 농기구를 만들 일이다. 없는 적을 만들어 무기를 휘둘러서는 안 된다. 그런데 아뿔싸, 세상은 무기를 없애지 않고, 무기를 휘두를 대상을 새롭게 생산해 낸다. 안보라는 이름으로, 악의 축이라는 낙인으로, 주적이라는 명분으로. 그렇게 무기를 휘두르다가 전 인류가 파멸할 수도 있다는 것도 모르는 채. 용은 사라졌다. 이제 용 잡는 무기도 사라져야 한다.

+

그래도 용 잡는 기술이 그리우면 미국 드라마 〈왕좌의 게임〉이나

영화 〈반지의 제왕〉이나 〈호빗〉을 볼 일이다.

그게 재미도 있고 정신 건강에도 좋다.

11

물고기의 즐거움

어디서 알았소?

장자가 혜자와 호수의 돌다리를 거닐고 있을 때였습니다.

장자가 말했습니다. "물고기가 한가롭게 놀고 있군요. 이것이 물고기의 즐거움이죠."

혜자가 대꾸했습니다. "그대는 물고기가 아닌데 어디서[安] 물고기의 즐거움을 안단 말이오?"

장자가 대답했습니다. "그대는 내가 아닌데 어디서 내가 물고기의 즐거움을 모른다는 걸 아셨소?"

혜자가 말했습니다. "나는 그대가 아닙니다. 그래서 그대를 모르겠습니다. 그런데 그대도 물고기가 아닙니다. 그러니 그대가 물고기의 즐거움을 모른다는 게 틀림없지요."

장자가 말했습니다.

"이야기의 처음으로 돌아가 봅시다. 그대는 나에게 물고기의 즐거움을 어디서 아느냐고 물었지요. 그 말은 내가 물고기의 즐거움을 알고 있었음을 이미 알았기에 물은 것입니다. 내 대답은 이렇습니다. 나는 여기 호수의 돌다리에서 알았습니다."

— 〈추수〉 15

장자와 혜자의 대화가 귀엽다. 서로 한 치도 양보를 하지 않는다. 표정은? 아마 실실 웃고 있을 것이다. 죽기 살기로 나누는 대화가 아니다. 웃자고 나누는 대화이다.

대화의 형식논리학으로 치자면 혜자의 승리이다. 혜자는 장자가 아니고, 장자는 물고기가 아니니(장자≠혜자≠물고기) 서로 상대방의 마음을 모른다(∴장자는 물고기의 마음을 모른다)는 것이 혜자의 논리다. 그런데 장자는 논리학이 아니라 언어학이다. 혜자의 질문은 이렇다. "너는 어디서(혹은 어떻게) 물고기의 질문을 알았는가?" 원문은 이렇다. "安知魚之樂?" 여기서 포인트는 한자 '安(안)'이다. 이 한자는 '어디서(where)'로도 풀 수 있고, '어떻게(how)'로도 풀 수 있다. 장자는 혜자의 말꼬투리를 잡았다. 논리로 안 되니 말장난을 한 것이다. "어디서 알았냐?"는 물음이 이미 알고 있었음을 전제로 하니, '어디서'만 해명하면 된다. 그래서 장자는 이렇게 말한 것이다. "호수의 돌다리에서 알았다"고.

논리학자인 혜자의 치밀성을 말장난으로 눙치는 장자의 말솜씨! 그냥 웃으면 된다. 그런데도 말장난을 더 해 보고 싶은 장난기가 발동한다. 한번 가 보자. 혜자는 존재론과 인식론을 일치시킨다. 존재가 다르면 서로 알 수 없다. 소통 불가능성에 한 표를 던지는 것이다. 여기서 조금 더 가면 존재 자체의 인식 불가능성이 나온다. "내가 나를 모르는데, 넌들 나를 알겠느냐?"는 대중가요 '타타타'는 그렇게 탄생한다. 자신도 알 수 없으니, 남은 더더욱 알 수 없다. 그렇다면 대화는 무슨 소용이며, 이해는 무슨 소용이란 말인가?

장자의 존재론은 변신의 존재론이다. 장자는 나비가 되기도 하고, 나비가 장자가 되기도 한다. 존재의 경계선은 무수히 변경되고 희미해진다. 이러한 존재론이라면 물고기의 마음도 알 듯하다. 경계 없는 마음, 존재의 일체감이 가능할 것 같기도 하다. 소통의 전문가 장자는 물고기의 마음을 안 것일까?

분할과 단절의 전문가 혜자와 소통과 연결의 전문가 장자는 이처럼 겉보기에는 물과 기름처럼 섞이지 않는다. 상상력을 더 발휘하여 신분 사회에서 귀족의 수혜자 혜자와 민중의 대변자 장자라는 계급적 시선의 대립으로 읽을 수도 있다. 코로나 시대로 강화된 비대면(uncontact) 사회에 슈퍼 울트라 강력 비대면을 원하는 부유층은 아예 다른 계급들과 구별되는 고급 로열 공간을 확보하기를 바란다는 소식도 전해진다. 이들에겐 자신의 품격 있는 생존만이 중요할 뿐 민중의 생존 따위는 눈 밖의 사태이다. 비대면 사회에서 흔히 볼 수 있는 어두운 풍경이다.

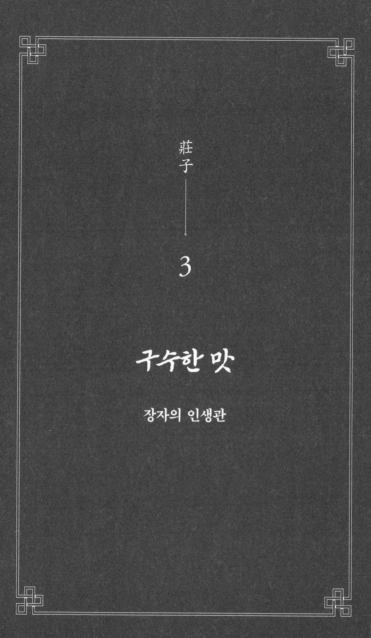

莊子

3

구수한 맛

장자의 인생관

1

하늘의 소리

나는 나를 잃었다

남곽자기가 안석에 기대어 하늘을 보며 한숨을 짓고 있었는데, 우두커니 있는 모습이 그 자신조차도 잊은 듯했습니다. 안성자유가 그의 앞에서 시중을 들고 있다가 말했습니다.

"무슨 일이 있으십니까? 선생님의 몸이 마른나무 같고, 마음이 꺼져 버린 재 같아 보이십니다. 오늘 안석에 기대고 계신 모습이 전과 다르십니다."

남곽자기가 말했습니다.

"훌륭하구나. 좋은 물음이구나. 지금 나는 나를 잃었다[今者吾喪我]. 네가 그 모습을 보았구나. 그렇다면 너는 아느냐? 너는 사람들의 피리 소리는 들었지만 땅의 피리 소리는 듣지 못했을 것이다. 설령 네가 땅의 피리 소리는 들었다 하더라도 하늘의 피리 소리는 듣지 못했을 것이다."

자유가 물었습니다.

"어떻게 하면 그 소리를 들을 수 있습니까?"

남곽자기가 대답했습니다.

"대지가 기운을 내뿜는 것을 바람이라 한다. 바람이 일지 않으면 그만이나, 일어났다 하면 모든 구멍이 성난 듯 울부짖는다. 너도 윙윙 부는 바람소리를 들어 보았겠지? 산과 숲의 술렁임과 백 아름 되는 큰 나무의 구멍들이 귀 같고, 코 같고, 입 같고, 목이 긴 병 같고, 술잔 같고, 절구통 같고, 웅덩이 같은데, 물 흐르는 소리, 화살 나는 소리, 꾸짖는 소리, 들이쉬는 소리, 외치는 소리, 아우성 소리, 둔한 소리, 맑은 소리를 낸다. 앞의 것들이 우우 하면 뒤따르는 것들도 오오 하고 화답하는구나. 소슬바람에는 작은 소리로 답하고, 회오리바람에는 큰 소리로 답하는구나. 그러다 사나운 바람이 잦아들면 모든 구멍들이 텅 비게 되어 고요해진다. 너도 저 나무들이 크게 울다가 잦아지는 것을 보았겠지?"

자유가 말했습니다.

"땅의 피리 소리란 자연의 여러 구멍에서 나는 것임을 알았습니다. 사람의 피리 소리란 피리 구멍에서 나는 것임을 알았습니다. 그런데 하늘의 피리 소리는 뭔지 모르겠습니다."

남곽자기가 말했습니다.

"바람이 내는 소리는 제각기 다르지. 온갖 물건을 불어서 제각기 자기 소리를 내니 모두 다른 것이다. 그런데 그런 소리를 나게 하는 것은 누구란 말이냐?"

— 〈제물론〉 1

재미나긴 하지만 쉽지 않은 에피소드다. 등장인물은 두 명. 스승인 남곽자기와 제자인 안성자유. (이 스승과 제자의 이야기는 장자의 단골 메뉴로 〈서무귀〉 10편에서는 남백자기와 안성자로, 〈우언〉 4편에서는 동곽자기와 안성자유라는 이름으로 등장한다.) 그런데 이 둘의 대화가 심상치 않다. 평소와는 다른 스승의 모습을 관찰하고 말하는 제자. 그 제자의 관찰을 칭찬하면서 질문으로 답하는 스승. 그 질문에 다시 질문하는 제자. 한참 설명한 후 다시 질문하는 스승, 다시 묻는 제자. 다시 묻는 스승!

본문이 기니까, 간략하게 핵심만 다시 간추려 정리해 보자.

안성자유 : 스승님 몸과 마음이 죽은 것 같습니다.

남곽자기 : 잘 보았다. 지금 나는 나를 잃었다[今者吾喪我]! 그런데 제자야, 너는 사람의 피리 소리, 땅의 피리 소리, 하늘의 피리 소리를 들어 보았느냐?

안성자유 : 무슨 말씀이신지……?

남곽자기 : 주변의 소리를 잘 들어 보아라. 땅이 피리를 불고 있지 않느냐. 그런데 바람이 잦아지자 이내 소리도 사라졌구나.

안성자유 : 사람의 피리도, 땅의 피리도 바람이 불면 소리가 들렸다가, 바람이 멈추면 안 들리네요. 그런데 하늘의 피리 소리는 모르겠습니다.

남곽자기 : 각기 다른 소리가 나게 하기도 하고 멈추게도 하는 자가 누구(무엇)란 말이냐?

자, 나도 한 번 물어보자. 스승인 남곽자기가 몸이 고목(槁木)처럼 변하고 마음이 죽은 재[死灰]로 변하여 자신을 잃어버린 것[吾喪我])과 하늘의 피리 소리[天籟]는 무슨 관계가 있다는 말이냐? 독자가 한번 답해 보라.

이에 대한 힌트를 줄 에피소드가 『육조단경』에 나오는 혜능의 깃발 이야기다. 간추리면 이렇다.

오조선사 홍인으로부터 의발을 전수받았으나, 쫓기는 신세가 되어 오랫동안 신분을 드러내지 못했던 혜능이 우연히 법성사 앞을 지나갈 때였습니다. 그때 절 마당 당간에 펄럭이는 깃발을 보고서 스님들이 두 편으로 갈려 논쟁을 벌이고 있었습니다. 논쟁의 주제는 깃발이 흔들리는 것은 바람 때문인가, 깃발 때문인가? 이른바 풍번문답(風幡問答)! 절간은 깃발파와 바람파로 나뉘어 한창 옥신각신하고 있었고, 이를 조용히 지켜보고 있던 혜능이 한마디 거들었습니다.

"움직이는 것은 깃발도 아니고, 바람도 아닙니다. 그것은 스님들의 마음일 뿐입니다.[不是風動, 不是幡動, 人者心動]"

이 한마디에 사방이 조용해졌습니다. 혜능의 그릇됨을 알아본 법성사 큰스님 인종은 그에게 수계를 내리고, 법성사를 맡겼습니다.

힌트가 되셨는지? 인생사를 살아가는 데 항상 마음이 문제다. 바람이 불면 온갖 먼지가 일고, 파도가 치고, 온갖 것들이 소리를 내듯이, 마음이 한 번 소용돌이치면 판단이 생기고, 논쟁이 일어나고, 미움이 생기고, 원수가 생긴다. 이 보이지도 않는 마음을 잡지 못해 늘 노심초사(勞心焦思)이고 안절부절못한다. 마음이 생기면[成心] 그 생긴 마음으로 세상을 보고 판단한다. 설상가상(雪上加霜)이다. 마음을 비우면[虛心] 헛된 생각도 잦아든다. 시끄러운 소리도 가라앉고 침묵(沈默)에게 자리를 내준다. 그 침묵에 들어선 '나'는 이전의 시끄러웠던 '나'를 잃게 된다. 그때쯤 되면 하늘의 소리(침묵의 소리, Sound of silence)를 듣게 되려나.

+

최고의 가르침은 질문이다. 스승은 계속 묻는다.

질문은 이전의 대답을 무화시키고, 새롭게 출발하게 한다.

잘 질문하고, 계속 질문하는 것이 가르침과 배움이다.

질문을 가로막는 정답은 진리조차 가로막는다.

자, 그러면 다시 물어보자.

나의 풀이는 괜찮은가? 모르겠다.

그러고 보면 모르겠다는 답변도 참으로 괜찮은 답변 중 하나이다.

2

백정의 양생법

두께 없는 칼날로

포정이 문혜왕을 위해 소를 잡았습니다. 손으로 뿔을 잡고, 어깨로 소를 받치고, 발로 밟고 무릎으로 누르고는 칼질을 하는데, 그 동작이 춤과 같고, 소 잡는 소리가 음률이 있는 듯했습니다. 이 모습을 지켜보고 있던 문혜왕이 감탄하며 말했습니다.

"훌륭하도다. 어찌 기술[技]이 이런 경지에 도달했단 말인가?"

포정이 칼을 내려놓고 대답했습니다.

"제가 좋아하는 것은 도(道)입니다. 기술을 넘어선 것이지요. 저도 처음 소를 잡았을 때는 소밖에 보이지 않았습니다. 그러나 삼 년 뒤에는 소를 보지 않게 되었습니다. 지금은 마음[神]으로 소를 대할 뿐 눈으로 보지 않습니다. 감각의 작용은 멈추고 마음 가는 곳을 따라 움직입니다. 자연의 결[天理]을 따라 틈과 틈을 가르고, 그 틈 사이로 칼을 넣어 움직입니다. 그래서 힘줄이나 질긴 근육에 칼이 닿는 일이 없습니다. 큰 뼈야 더 말할 나위 있겠습니까?

솜씨 좋은 백정은 일 년마다 칼을 바꾸는데 그 이유는 살을 자르기 때문입니다. 보통 백정은 달마다 칼을 바꾸는데 뼈를 자르기 때문입니다. 저는 이 칼로 십구 년 동안 수천 마리의 소를 잡았습니다만, 아직도 칼날은 숫돌에 새로 간 것 같습니다. 소의 뼈마디에는 틈이 있고, 이 칼날에는 두께가 없습니다. 두께 없는 칼날이 틈이 있는 곳으로 들어가니 칼날이 마음껏 놀 수 있는 공간이 펼쳐집니다. 그래서 십구 년이 지나도 칼날이 새것과 같은 것입니다.

하지만 저도 뼈와 살이 엉긴 곳[族]에 이르면 다루기 어려워 조심합니다. 조심조심하면서 눈은 그곳을 주목하고 동작을 늦추며 칼을 매우 미세하게 움직입니다. 그러면 흙덩이가 땅에 떨어지듯 후두둑 살과 뼈가 분리되어 쌓여 갑니다. 그렇게 일을 마치면 칼을 들고 일어나 사방을 둘러보며 흡족한 기분에 젖습니다. 그러고는 칼을 잘 닦아 잘 보관해 둡니다."

문혜왕이 말했습니다. "훌륭하도다! 나는 포정의 말을 듣고서 삶을 기르는 방법[養生]을 터득하게 되었도다."

— 〈양생주〉 3

너무도 유명한 포정해우(庖丁解牛) 이야기다. 포정(庖丁)은 소를 잡는 백정 — 요즘은 '육부장'이라 부른다 — 이다. 포(庖)는 이름일 수도 있고, 요리사라는 일반명칭일 수도 있다. 문혜왕은 실제 인물이지만, 포정은 가상의 인물일 가능성이 높다. 문혜왕은 맹자가 알현하고, 혜시가 재상으로 지냈던 양나라의 혜왕이다.

포정이 문혜왕 앞에서 신묘한 솜씨로 소를 잡는다. 문혜왕은 찬탄하며 그 놀라운 기술(奇術)의 경지를 묻고, 천민인 포정은 문혜왕의 용어 사용을 교정하며, 기술이 아니고 도(道)라 말한다. 백정의 태도가 고분고분하지 않다. (이렇게 천민이 오히려 왕들이나 귀족들에게 새로운 경지를 가르치는 사례는 『장자』 전편에 걸쳐 수두룩하다.)

① 그러면 기술과 도는 무엇이 다른가? '기술'은 상대방을 객체로 의식한다. 대결하고 물리치고 쳐부숴야 할 대상이다. 그런 상대방과 대결하려면 좋은 무기가 필요하다. 단단하게 날카로운 칼과 같은 것. 하지만 '도'의 경지에 도달하면, 상대방을 객체로 인식하지 않는다. 삼라만상에 펼치진 결[天理]로 본다. 소는 해체되기 이전부터 해체된다. 해체(destruction)의 시선이 도의 시선이다. 그러한 시선을 가지려면 육안(肉眼)이 아니라 깨끗한 마음[神]의 눈, 즉 심안(心眼)이 작동되어야 한다. 심

안이 작동되면 포정은 소와 피 터지게 대결하지 않고, 부드럽게 결을 따라 춤을 추게 된다. 눈과 손으로 작동되는 기술이 아니라 마음과 결로 이어지는 도다.

② 한편 '두께 없는 칼날'이란 무엇인가? 사심 없는 마음이다. 자신을 비운 자만이 얻을 수 있는 무기이다. 몸과 마음은 언제 열리는가? 상대방이 자신의 결을 느끼고 알 때다. 숨결을 느끼고, 살결을 느끼고, 삶의 결을 파악하는 자에게 우리는 몸과 마음을 열게 된다. 죽은 통나무조차 자신의 결을 따라 흐르는 대패에 순순히 몸을 맡긴다. 결을 거스르면 나무도 망치고 대패도 못쓰게 된다. 그러니 상대방을 만날 때는 두 가지를 유의하자. 1) 나는 사심이 없는가? 2) 나는 상대방의 결을 파악하고 있는가?

③ 그렇다 하더라도, 도인(道人)이라고 무사(無事)한 것은 아니다. 사건은 곳곳에서 터진다. 결이 보이지 않는 곳이 있고, 뭉쳐진 곳이 있으며, 엉긴 곳이 있다. 한자에서는 이를 '족(族)'이라 한다. 족(族)이 들어 있는 단어를 떠올려 보라. 가족(家族), 친족(親族), 동족(同族), 민족(民族)! 엉키고 엉켜 흐르지 않는 단위, 그래서 조심조심 느릿느릿 섬세하게 해체해야 할 단위가 바로 '~족'들이다.

④ 마지막으로 양생(養生). 사전을 뒤져 봤더니 "① 몸과 마음을 건강하게 해서 오래 살기를 꾀함. 섭생(攝生). ② 병이 낫게 조리를 함. ③ 〔건축용어〕 콘크리트가 굳을 때까지 적당한 수분을 유지하고 충격을 받거나 얼지 않도록 보호하고 관리하는 일."이라고 쓰여 있다. 이 중 ①이 적당하겠다. 요즘 말로 웰빙(well-being)이다.

이제 결론. 어찌 살 것인가? 상대방과 경쟁하고 상대방을 파괴하는 육체의 기술이 아니라 상대방의 결을 따라 틈을 발견하고 그 넓은 틈으로 들어가 함께 춤을 추는 마음의 길을 따라 살 일이다. 대결하면 상대방뿐만 아니라 자신도 파괴된다. 미움은 상대방뿐만 아니라 자신도 파괴한다는 것이 모든 드라마의 보편 문법이다. 복수의 악순환 고리를 끊는 것은 사랑과 용서라고 중국 무협지는 끊임없이 강조한다. 양생(養生)은 나만 사는 기술이 아니라 나도 살고 너도 사는 길이다. 같이 살자!

3

인기 남자 애태타

진정한 모습은 드러나지 않기에

노나라 애공이 공자에게 물었습니다.

"위나라에 아주 못생긴 사람이 있는데 이름이 애태타라 합니다. 그와 함께 지내 본 남자들은 그를 떠나지 못하고, 그를 본 여자들은 딴 사람의 아내가 되느니 차라리 그의 첩이 되겠다고 부모에게 졸랐습니다. 그 수가 수십 명은 넘을 듯합니다. 사람들은 그의 주장하는 바를 들은 적이 없습니다. 그는 항상 다른 사람들과 함께할 뿐입니다. 임금이라서 타인의 목숨을 건져 주거나, 부자라서 곡식으로 사람들의 배를 채워 준 것도 아닙니다. 게다가 너무 못생겨서 세상을 놀라게 할 정도입니다. 그는 화합할 뿐 주장할 줄도 모르고, 아는 것도 삶의 테두리를 벗어나지 않았습니다. 그런데도 남자든 여자든 그에게 모여듭니다. 분명 뭔가 다른 것이 있지 않겠습니까.

그래서 내가 확인차 그를 불러서 보니 과연 못생겼습디다. 그런데 그와 같이 지낸 지 한 달도 되지 않아 그 사람됨에 끌리더군요. 그리고 일 년도 채 안 되어 그를 믿게 되었소이다. 마침 재상 자리가 비었기에 그에게 맡기려 했더니, 그는 아무 일도 아닌 듯 사양을 했습니다. 재상 자리를 맡기려던 내가 오히려 부끄럽게요. 그러더니 얼마 안 있어 나를 떠나 버렸습니다. 나는 뭔가를 잃은 듯 불안합니다. 이제 사는 게 즐겁지도 않습니다. 도대체 이 사람은 어떤 사람입니까?"

공자가 말했습니다.

"제가 일찍이 초나라에 사신으로 간 일이 있었지요. 마침 그때 새끼 돼지들이 죽은 어미의 젖을 빨고 있는 것을 보았습니다. 조금 있으니 새끼 돼지들이 놀라 어미를 버리고 달아났습니다. 어미가 자기들을 돌보아 주지 않자 어미가 달라진 것을 알았던 것이지요. 새끼 돼지는 그 어미의 모습을 사랑한 것이 아니라, 그 어미 됨을 사랑한 것입니다.

전장에서 죽은 자의 장례에는 깃털 장식이 소용없고, 다리 잘린 사람은 신발을 아끼지 않지요. 그것들을 더 이상 쓸데가 없기 때문이지요. 왕의 후궁들은 손톱을 깎지 않고 귀를 뚫지 않습니다. 장가든 사람은 제집에서 잠자고 숙직을 하지 않습니다. 몸의 소중함이 이러합니다. 하물며 본래의 모습을 온전히 하려는 사람이야 오죽하겠습니까? 지금 애태타는 말하지 않아도 남에게 믿음을 주고, 아무 공적 없이도 남에게 사랑을 받았습니다. 왕께서는 나라를 내어 주면서도 그가 받지 않을까 두려워합니다. 그는 분명 재질은 완전하면서도 본래의 모습을 겉으로 드러내지 않는 사람[才全而德不形者]일 것입니다."

─〈덕충부〉5

『장자』는 추남과 장애인들의 천국이다. 그중 한 명이 애태타다. 애태타(哀駘它)는 '슬플 정도로 어리석고 둔한 곱사등이'라는 뜻을 담고 있다. 얼마나 못생겼는지 세상이 놀랄만 하단다. 추남 No1이다. 지위가 높지도, 부유하지도, 똑똑하지도 않다. 현상으로만 놓고 보면 장애인에다가 생활보호 대상자다. 그런데도 남자들은 그를 추종하고, 여자들은 그를 흠모한다. 말도 안 된다. 이유를 알 수가 없다. 참으로 신기한 일이다.

군이 그의 특이성을 이야기하라면 두 가지를 꼽을 수 있다. 첫째는 남들과 조화를 이루며 뭔가를 주장하거나 고집하지 않는다[和而不唱]는 점, 둘째는 앎이 삶의 테두리를 벗어나지 않는다는 점[知不出乎四域]이다. 요 정도 능력이면 소통을 잘하고 화합하는 지역활동가는 할 수 있겠다. 큰 그릇처럼 보이지 않는다.

그런 그에게 절호의 찬스가 왔다. 노나라 왕이 그를 불러 함께 지내다가 재상 자리를 맡긴 것이다. 지위에 따른 부유함과 권세를 누릴 수 있는 일인지하(一人之下) 만인지상(萬人之上)의 자리이다. 그런데 그런 멋진 제안을 애태타는 일언지하(一言之下)에 거절한다. 그리고 한마디 말도 없이 왕의 곁을 떠나 버린다.

그는 어떤 사람인가? 노나라의 왕은 궁금하다. 이유를 공자에게 묻는다. 공자가 대답한다. 그는 '재질은 완전하면서도 본래의 모습을 겉으로 드러내지 않는 사람[才全而德不形者]'이라고! 한자를 보니 둘로 나뉜다. 재전(才全)과 덕불형(德不形)으로. 살펴보자.

① 윗글에는 생략했지만 이어지는 글에서 공자는 '재전(才全)'을 다음과 같이 풀이한다. 부귀영화(富貴榮華)나 간난신고(艱難辛苦)는 사물의 변화와 운명의 흐름일 뿐이라 이런 것으로 마음이 흔들리지 않는 것, 어떠한 상태가 되더라도 그대로 즐기며 기쁨을 잃지 않아 '언제나 봄!'을 유지하는 것, 그것이 '재질의 완전함'이라고!

② 그렇다면 '덕불형(德不形)'은? 물이 완전히 고요하고 평평한 것처럼, 안으로 고요함을 지켜 겉으로 흔들리지 않는 것. 그래서 남들의 귀감(龜鑑)이 될 수 있는 것이라고. 맑은 거울! '본래 모습을 겉으로 드러내지 않는 자'는 속마음을 감추는 자가 아니라, 드러낼 마음조차 없이 맑아 거울과 같이 되어 버린 자이다.

정리하자. 애태타는 어떠한 자인가? 그는 아무것도 바라지 않고 기쁨으로 살아가는 '언제나 봄' 같은 자이며, 자신을 꾸미지 않아 맑을 대로 맑아진 '거울'과 같은 자이다. 그래서 사람들은 그에게로 와 편안하게 그와 기쁨을 누렸고, 그를 볼 때마다 자신의 본모습을 볼 수 있었던 것이다. 자, 애태타가 추남으로 보이는가? 장애인으로 보이는가?

✛

애태타는 가상인물이지만, 공자와 노나라 애공은 실존인물이다.

노 애공(魯哀公)의 성은 희(姬)이고, 이름은 장(將)이다. 노 정공(魯定公)의 아들이고, 춘추시기(春秋时期) 노나라(魯国) 제26대 군주이다. 기원전 479년에 공자(孔子)가 사망하자, 노 애공(魯哀公)이 친히 추도문을 지어 '하늘이 무심하시어 이 노인을 남겨 놓지 아니하고, 나 홀로 남게 하여 나를 근심 속에서 외롭게 하시는구나! 아, 슬프도다! 니부여! 스스로 규율에 얽매일 바 없나니.[旻天不吊, 不慭遗一老, 俾屏余一人以在位, 茕茕余在疚, 呜呼哀哉! 尼父! 无自律]' 하고 슬퍼하였다. 이 추도문에서 노 애공이 공자를 '니부(尼父)'로 칭한 것이 비공식적이기는 하지만 공자에 대한 첫 번째 봉호라 하겠다.

4

참된 사람의 모습

목구멍이 아니라 발꿈치다

참된 사람[眞人]이 있어야 참된 앎[眞知]이 있게 됩니다. 참된 사람이란 어떤 사람입니까? 옛날의 참된 사람은 모자라도 거스르지 않고, 이루고도 뽐내지 않았으며, 억지로 일을 도모하지도 않았습니다. 그래서 실패해도 후회하지 않고, 성공해도 스스로 이루었다고 생각하지 않고 자연스럽게 이루어진 것처럼 여겼습니다. 높은 곳에 올라가도 벌벌 떨지 않고, 물속에 들어가도 젖지 않으며, 불 속으로 들어가도 뜨거워하지 않았습니다. 주어진 길을 따라 자연스럽게 걸어가는 자의 능력이 이런 것입니다.

옛날의 참된 사람은 잠을 잘 때는 꿈을 꾸지 않고, 깨어 있을 때는 근심이 없었습니다. 맛난 음식만 찾지 않고, 숨을 깊이 쉬었습니다. 보통 사람은 목구멍으로 숨을 쉬지만, 참된 사람은 발꿈치로 숨을 쉬었습니다. 남에게 굴복당한 사람들은 토하듯이 숨을 쉬고, 탐욕스런 사람은 얕은 숨을 쉽니다.

참된 사람은 기쁨만 누리는 삶을 살지 않고, 두려움에 빠져 죽지도 않았습니다. 태어남을 기뻐하거나 죽음을 거부하지 않았습니다. 삶과 죽음이란 홀연히 왔다가 홀연히 돌아가는 것일 뿐입니다. 그래서 그는 삶의 시작을 잊지 않았고, 삶의 끝을 애써 구하지도 않았습니다. 삶을 받으면 즐거워하고, 잃으면 돌아갈 뿐입니다. 이것이 "마음으로 길을 해치지 않고, 사람이 하늘을 거들지 않는다"고 말하는 것입니다. 이런 사람이 바로 참된 사람입니다.

—〈대종사〉 2

우리는 앎이 삶을 구성한다고 생각하지만, 참된 앎이란 삶의 모습일 뿐이다. 아는 것이 많다고 잘 사는 것이 아니다. 잘 사는 것을 아는 것이 중요하다. 어찌 그가 아는지 아는가? 그의 삶을 보면 된다. 참된 사람은 참된 앎이 무엇인지 삶으로 보여 준다.

그러면 한번 우리가 얼마나 참된 앎을 갖고 살고 있는지 검증해 보자.

1) 삶이 가난하다고, 재능이 부족하다고 삶을 거스르지는 않았는가?

2) 성공했다고, 그 성공이 바로 자신이 이룬 것이라고 자만하지 않았는가?

3) 하지 않아도 되는 일을, 해서는 안 되는 일을 억지로 하지 않았는가?

4) 조금만 실패해도 자책하거나 낙담하지는 않았는가?

5) 예상 밖의 길을 만나면 두려워하거나, 허우적대거나, 들뜨지 않았는가?

6) 걱정을 잔뜩 안고 잠을 자거나, 두려워하면서 잠에서 깨어나지 않았는가?

7) 고요히 숨을 쉬지 못하고, 헐떡거리거나 한숨 쉬거나 탄식하지 않았는가?

8) 사는 동안 쾌락과 기쁨만 추구하지 않았는가?

9) 죽음이 두려워 외면하거나 온갖 걱정에 사로잡히지 않았는가?

10) 세상을 지배한다는 욕심으로 자연을 거스르는 삶을 살지는 않았는가?

참된 앎이란 참된 삶의 모습을 해석한 것이다. 그의 입에서 나오는 소리가 참된 앎이 아니라, 그의 삶의 모습을 보면 된다.

탐욕의 목구멍을 믿지 말자. 대지에 닿아 있는 발꿈치를 믿자.
삶의 호흡은 목구멍으로 쉬는 것이 아니라, 발꿈치로 쉬는 것
이다. 오늘 그대가 걷는 길이 그대의 삶이다. 오늘 그대의 발이
닿은 곳이 그대의 앎이다.

5

아모르 파티(Amor fati)

강호에서 서로를 잊고 살자

죽고 사는 것은 운명입니다. 밤과 낮이 이어지는 일상은 자연의 모습입니다. 이 모든 것은 인간이 관여할 수 있는 것이 아닙니다. 모든 만물의 실정입니다. 만물은 자연을 어버이처럼 여기며 몸소 사랑합니다. 하물며 자연보다 더한 운명을 사랑하지 않을 수 있겠습니까? 사람은 임금을 자신보다 귀히 여기며 목숨을 바치기도 합니다. 하물며 임금보다 참된 운명을 따르지 않을 수 있겠습니까?

샘이 말라 땅 위에 드러난 물고기들은 서로 물기를 뿜어 주고 거품으로 적셔 줍니다. 하지만 강이나 호수에서 서로를 잊고 지내는 것보다 못합니다. 마찬가지로 요임금을 칭송하고 걸임금을 비난하는 것보다 두 사람을 잊고 운명의 길과 조화를 이루는 것만 못합니다.

대지는 나에게 몸을 싣게 해 주고, 삶을 주어 수고롭게 하고, 늙음을 주어 편안하게 하고, 죽음을 주어 쉬게 합니다. 내 삶이 좋은 것이라면, 마찬가지로 내 죽음도 좋은 것입니다.

— 〈대종사〉 5

원래 서문 격으로 써 보려고 했던 생각을 여기에 적어 본다.

유학자들의 패러다임은 '천하(天下)'이다. 인간이 만들어 놓은 문명사회가 바로 '천하'다. 유학의 정신을 압축적으로 정리한 『대학』에서 밝히고 있듯이, 수신(修身)을 하는 이유도 바로 제가(齊家), 치국(治國), 평천하(平天下)로 이어지는 문명사회 건설에 있다.

노자의 패러다임은 '천지(天地)'이다. 문명사회를 훌쩍 뛰어넘는 우주적 도(道)의 세계이다. 가장 거시적 시선에서 인간사를 논하는 것이 노자의 『도덕경』이다. 우주는 특별히 사랑하는 대상이 없다는 '천지불인(天地不仁)'의 사상이 바로 노자의 핵심 사상이다. 우주적 관점에서 보면 생사도, 소유도, 승패도 만물의 일시적 현상에 불과하다.

그렇다면 장자의 패러다임은 무엇인가? 나는 '강호(江湖)'라고 생각한다. 잘나고 높은 것들은 모두 대국의 수도로 모여들지만, 어중이떠중이들은 그저 자신이 사는 곳[江湖]에서 편안하게 살면 된다. 요임금이 옳다느니 걸임금은 폭군이라느니 정치적 평가를 일삼고, 정의로운 사회를 만들겠다며 침을 튀기는 동안, 강호인들은 그 모든 견해를 멀리한 채, 자신에게 주어진 자연스러운 삶의 길을 평온하게 살아간다. 마치 강호에서 서로를 잊고 노니는 물고기처럼!

물을 잃고 물 밖으로 벗어난 물고기에게 물을 적셔 주는 것은 물고기에게 선한 일일 수 있다. 그렇게 생사를 오락가락하는 물고기를 토막 내어 국을 끓이는 것은 물고기에게는 악한 일일 것이다. 그러면 물고기에게 가장 좋은 일은 무엇인가? 그 물고기를 다시 강이나 호수로 돌려보내는 일이다. 물고기에게 가장 자연스러운 삶을 보장하는 것이 강호니까.

강호의 철학자 장자는 살고 죽는 일은 밤낮이 변하는 것처럼 자연스러운 일이니 호들갑 떨지 말자고 말한다. 임금에게 충성하는 것보다 자연의 운명에 충실하자고 말한다. 몸을 주면 태어나고, 건강하면 수고롭게 일하고, 늙으면 편안하게 지내고, 죽으면 편히 쉬는 것이 좋은 것이라 말한다. 이것이 바로 강호의 철학자, 장자의 '아모르 파티(Amor fati)'다.

최상(最上)과 최악(最惡)의 극단적인 삶의 방식이 아니라, 일상(日商)의 평범하고 지속적인 삶의 방식을 선택하는 것. 그렇게 자연스럽게 살다가 가는 것이 얼마나 축복된 나날인지, 평범한 일상을 잃어버린 요즘에서야 더욱 절실하게 깨닫게 된다.

우리는 유토피아(Utopia)나 디스토피아(Distopia)를 원하는 것이 아니라, 하루하루를 평범하고 평안하게 지낼 토피아(Topia)만 있으면 된다.

+

"강호에서 서로를 잊고 살자[相忘於江湖]"라는 말에서 나온 서로를 잊는다는 '상망(相忘)'을, 서로를 외면하면서 이기적으로 사는 것이라고 오해하면 안 된다. 우리가 편안한 신발을 신으면 신발을 신은 것인지 잊게 되고, 편안한 옷은 입은 것 자체가 의식되지 않는 것처럼, 장자에게 '잊음[忘]'은 너무도 편안하여 의식의 영역에 포착되지 않는 상태, 의식의 영역에서 벗어나는 상태를 뜻한다. 의식한다는 말은 어색하다는 것이다. 잊는다는 말은 자연스럽다는 것이다. 가장 친한 친구들은 서로를 의식하지 않고 자연스럽게 교제를 나누는 높은 단계에 도달한다.

내가 좋아하는 영화 〈소오강호(笑傲江湖)〉의 주제곡 '창해일성소(滄海一聲笑)'이다. 감상해 보시길.
https://youtu.be/WKl1HWN2VO8

6

네 친구 이야기 1
자사와 자여

묶임에서 풀려나자

자사, 자여, 자리, 자래 네 사람이 모여 이야기했습니다.

"누가 없음[無]를 머리로 삼고, 삶을 척추로 삼고, 죽음을 엉덩이로 삼을 수 있겠습니까? 누가 삶과 죽음, 있음과 없음이 한 몸이라는 알 수 있겠습니까? 나는 이런 사람과 벗하고 싶습니다."

네 사람은 서로 바라보면서 웃었습니다. 서로 마음이 맞아 친구가 되었습니다.

자여가 갑자기 병이 나자 자사가 병문안을 갔습니다. 자사를 보고 병든 자여가 말했습니다.

"조물주는 참으로 위대하군요. 내 몸을 이토록 오그라들게 만들다니." 자여의 등은 구부러져 곱사등이 되고, 오장은 위에 붙고, 턱은 배꼽에 묻히고, 어깨는 이마보다 높고, 목덜미의 혹은 하늘을 향해 있었습니다. 음양의 기운이 흐트려졌지만 그의 마음은 한가로워 아무 일도 없는 듯했습니다. 자여는 뒤뚱거리며 걸어가 우물가에 자신의 모습을 비추어 보며 말했습니다.

"조물주가 나의 모습을 이토록 오그라들게 만들다니."

그 모습을 지켜보던 자사가 말했다.

"당신은 그렇게 된 것이 싫습니까?"

자여가 대답했습니다.

"아닙니다. 내가 어찌 싫어하겠습니까. 나의 왼팔이 조금씩 변하여 닭이 된다면 나는 사람들에게 새벽을 알려 줄 것입니다. 나의 오른팔이 조금씩 변하여 화살이 된다면 나는 새를 맞추어 구워 먹을 것입니다. 나의 엉덩이가 조금씩 변하여 수레가 되고, 내 마음이 변하여 말이 된다면 나는 그것을 타고 다닐 것입니다. 따로 수레에 말을 맬 필요가 없지요. 우리가 몸을 타고나는 것도 때를 만남이요, 죽는 것도 순리일 뿐이지요. 편안하게 때를 맞이하고 순리대로 죽음을 따른다면, 슬픔이나 기쁨이 끼어들 틈이 없겠지요. 옛 사람들은 이를 '묶임에서 풀려남[縣解]'이라고 했지요. 그런데도 사람들은 묶임에서 스스로 풀려나지를 못하고 있네요. 아직도 욕망이 사람들을 묶어 놓나 봅니다. 태어난 존재가 자연을 이기지 못함은 오래된 진리입니다. 내가 어찌 싫어하겠습니까?"

— 〈대종사〉 9

공자의 제자 중에는 자(子)로 시작되는 이름이 많다. 자로(子路), 자공(子貢), 자하(子夏), 자유(子遊), 자장(子張), 자사(子思). 이 중 자사(子思)는 공자의 손자로『중용』의 저자로도 알려진 사람이다. 이를 의식했는지를 알 수 없으나, 패러디 격으로 장자는 네 명의 가상인물을 창조한다. 자사(子祀), 자여(子輿), 자리(子犁), 자래(子來) 등 네 친구들이다. 이번과 다음에 걸쳐 이 네 친구들의 코믹 판타지 생로병사 철학을 들어 보자.

이 네 명은 삶과 죽음, 있음과 없음이 한 몸이라는 것을 깨닫고 껄껄 웃으며 마음 맞는 친구가 된다. 그런데 이들에게 시험이 닥친다. 실제로 자신의 상황이 그렇게 변했어도 말처럼 행동하는지 볼 수 있는 좋은 찬스다. 말은 죽음에 초연하다고 말하지만, 실제는 그렇지 못한 사람들이 부지기수니까.

첫 번째 에피소드에는 자사와 자여가 등장한다. 갑자기 병든 자여는 온몸이 뒤틀려 그림으로조차 그려 낼 수 없는 형태이상자가 된다. 스티븐 호킹 박사가 앓았다는 근위축성 측삭경화증, 즉 루게릭병의 최악의 증세를 앓고 있는 듯하다. 그런 병에 걸린 자여는 자신의 오므라진 모습을 우물가에 비춰 보며 감탄(!)한다. 지켜보던 자사가 "그 모습이 싫은가?" 물었더니 웬걸. 자여는 한 술 더 뜬다. 팔이 닭으로 변하면 새벽을 깨울 것이고, 화살로 변하면 새를 맞춰 구워 먹겠단다. 엉덩이가 수레가 되고, 정신이 말이 되면 그대로 타고 놀면 되지 않겠냐고 너스레를 떤다.

어찌 이리 초연할 수 있을까? 그는 자신의 신체가 변화한 것을 자연의 순리로 여길 따름이다. 한 가지 형태만을 고집하는 것이야말로 해방을 가로막는 것이므로, 자신은 한 가지 형태의 묶임에서 벗어났다고 말한다. 이른바 '현해(懸解)'다. 자여는 삶에서 죽음으로 변신하는 것도 '묶임에서 풀려남'으로 본다. 자연은 그렇게 모든 만물을 묶었다 풀었다 한다. '현(懸)'의 뜻은 매달림, 묶임이다. '해(解)'는 풀려남, 해방을 뜻한다. 한 가지 상태만 고집하는 것은 고착 욕망이다. 그 욕망을 벗어날 수 있을 때 우리는 해방된다.

이 두 친구의 대화는 일반적인 상상을 초월한다. 신체의 변화는 인간의 차원을 넘어, 동물과 사물의 차원을 넘나든다. 마치 우주의 물질은 우리를 인간으로, 닭으로도, 화살로도 만들 수 있다고 말하는 것인 양. 사태는 비극인데, 통찰은 깊고 유머가 넘친다.

7

네 친구 이야기 2

자리와 자래

편안히 잠들고 홀연히 깨어나리

이번에는 자래가 병이 나서 숨을 몰아쉬며 죽으려 했습니다. 그의 처자들은 그를 둘러싸고 울고 있었습니다. 그때 자리가 병 문안을 가서 말했습니다.

"조용히 하고 저리들 가시오. 변화를 슬퍼할 것은 없습니다."

그리고 방문에 기대어 자래에게 말했습니다.

"자연의 조화는 참으로 위대하군요. 그대를 장차 또 무엇으로 만들려는 것일까요? 그대를 어디로 데려가려는 것일까요? 그대를 쥐의 간으로 만들려는 것일까요? 벌레의 팔뚝으로 만들려는 것일까요?"

자래가 말했습니다.

"부모가 자식에게 동서남북 어디로 가라고 말씀하시든 자식은 명령에 따를 뿐이지요. 그런데 음양과 사람 간의 관계는 부자 지간을 넘는 것입니다. 음양이 나에게 죽음을 요구하는데 내가 따르지 않는다면 나는 거칠고 모진 것이지 음양에게 무슨 죄가 있겠습니까? 천지가 나에게 몸을 주어 태어나고, 삶을 주어 수고롭게 일하고, 늙음을 주어 편안하게 지냈습니다. 이제 죽음을 주니 나를 쉬게 해 주려나 봅니다. 그러니 삶이 좋으면 죽음도 좋은 것 아니겠습니까.

　대장장이가 쇠를 녹여 주물을 만들려고 하는데, 쇳물이 튀어 나와 '저는 기필코 막야와 같은 명검이 되고 싶습니다'라고 말한 다면 대장장이는 쇳물을 불길하다고 말할 것입니다. 지금 한번 사람의 몸을 타고 태어났다고 '다음에도 사람으로! 사람으로!' 라고 외친다면 조물주는 나를 불길한 것이라 여길 것입니다. 천 지는 커다란 용광로요, 조물주는 대장장이라 한다면 어디로 가서 무엇이 된들 좋지 않겠습니까? 편안히 잠들었다가 홀연히 깨어날 뿐이지요.[成然寐, 蘧然覺]"

　　　　　　　　　　　　　　　　　　　　　　　─〈대종사〉 10

　이번에는 자리와 자래 차례이다. 전편의 자사가 병에 걸려 서 신체가 변했다면, 이번에 자래는 죽을병에 걸려 곧 죽을 지경이다. 자래의 가족이 울고불고 난리가 난 것은 당연한 것이 다. 그런데 병문안 온 자리는 이러한 슬픔을 물리치고, 아예 방으로도 들어가지 않고 방문에 기대서서 이렇게 말한다.

"어이 친구, 곧 죽게 생겼네. 죽으면 어디 가서 무엇으로 태어나려나? 쥐의 간[鼠肝]이 되려나? 벌레의 팔뚝[蟲臂]이 되려나?"

이 정도면 병문안이 아니라 거의 조롱에 가깝다. 우리 사회에서 절친이 죽어 가는 자리에 나타나 이렇게 말한다면 분명 정신 나간 놈으로 취급당해 멱살이 잡혀 끌려 나갔을 것이다. 그런데 곧 죽게 될 자래는 이 철학적(?) 조롱에 웃으며 답한다.

"그러게 친구, 죽은 후에 어디로 가서 뭐가 될지는 나도 모르지. 천지라는 용광로에 녹여져서 조물주가 나를 뭘로 만들든 무슨 상관이 있겠나? 명검이 되게 해 달라고, 다시 인간으로 태어나게 해 달라고 고집하는 게 오히려 불길한 것이지. 조물주가 만드신 거라면 뭐라도 좋은 것 아닐까? 나는 그저 편안히 잠들었다가 홀연히 깨어날 걸세."

죽었다가 다시 무엇으로든 태어나는 것을 장자는 자래의 입을 빌어 "편안히 잠들었다가 홀연히 깨어나는 것[成然寐, 蘧然覺]"이라고 말한다. 장자의 생사관을 이보다 잘 표현한 문장을 본 적이 없다. 그래서 나는 이 문구를 적어 액자로 만들어 놓고, 가끔씩 쳐다보며 다짐한다. 우주적 시간에 비추어 보면 우리네 인생이 바로 이런 것이라고. 죽음을 두려워할 필요는 없다고. 깜빡 잠들었다가 문득 깨어날 거라고. 죽음은 삶과 삶 사이를 잇는 가교일 뿐이라고. 하느님이 알아서 용도에 맞춰 잘 해 주실 거라고. 내가 걱정하고 욕망할 것이 아니라고.

8

거울처럼

비우고 비추라, 상처받지 마라

명성으로 죽지 마십시오.

모략의 중심에 서지 마십시오.

일을 떠맡지 마십시오.

앎의 주인이 되지 마십시오.

무궁한 도의 경지를 체득하여

흔적도 없이 노니십시오.

하늘에서 얻은 바를 남김없이 쓰고

이득에 신경 쓰지 말고

오직 비우기만 하십시오.

지극한 사람의 마음 씀은

맑은 거울과 같습니다.

보내지도 맞이하지도 않습니다.

비추기만 할 뿐 담아 두지 않습니다.

그래서 그저 비추기만 할 뿐

상처받지 않습니다.

—〈응제왕〉 6

1.

번역의 문제. 첫 번째 문장의 한문은 다음과 같다. '무위명시(无爲名尸)'. 없을 무(无), 될 위(爲), 이름 명(名), 시체 시(尸). 조현숙은 직역하여 '이름의 시체가 되지 말라.'고 새겼다. 이렇게 번역하면 문학적 압축성을 띨 수는 있지만, 의미가 정확히 전달되지 않는다. 오강남은 '이름에 매이지 말고'라고 평이하게 해석했다. 의미전달이 쉬워졌다. '명예의 우상이 되지 말라'고 의역해 놓은 경우도 있다. '이름을 날리려 하지 말라'는 표현일 것이다. 그래도 아쉽다. 나는 '명성으로 죽지 마십시오'라고 번역했다. 번역해 놓으니 아쉽다. 그래도 어쩔 수 없다. 다음 문장으로 넘어간다.

두 번째 문장. '무위모부(无爲謀府). 없을 무(无), 될 위(爲), 꾀·음모·모략할 모(謀), 곳집·마을·관청 부(府). 오강남과 조현숙은 '꾀의 창고가 되지 말고'라 새겼고, 모의나 모략의 관청이 되지 말라고 새길 수도 있다. 창고나 관청이나 비유적 표현이라 뜻이 정확히 전달되지 않는다. 나는 '모략의 중심에 서지 마십시오'라고 새겼다. 아쉽다.

이렇게 변역을 이야기하는 것은 우리가 읽는 고전 한 문장 한 문장이 그냥 번역되는 것이 아니라는 걸 말하기 위해서다. 뜻을 전달하려니 문학성이 떨어지고, 문학성을 살리려니 뜻이 애매모호하다. 이 경계 어딘가에서 마음을 정할 수밖에 없다. 위의 번역은 다 그렇게 시간을 많이 들여 생각하고 생각해서 문장을 만든 것이다. 그래서 나는 고전 변역가를 존경한다. 그들이 학문의 기초를 다져 놓았기에 그 기초 위에 생각의 집을 지을 수 있는 것이다.

위의 문장들은 다 그렇게 압축적인 의미를 담고 있는 것들이다. 그래서 여느 문장들보다 더 많은 시간을 들여 다듬었다. 그렇지만 그래도 너무 아쉽다. 더 쉽게 더 명료하게 더 정확하게 전달할 수 있었을 텐데. 그래서 아예 한문을 모두 남겨 놓는다. 어려운 한자는 없으니 여러분도 번역해 보시길.

无爲名尸, 无爲謀府. 无爲事任, 无爲知主. 體盡无窮, 而遊无朕. 盡其所受乎天, 而无見得, 亦虛而已. 至人之用心若鏡, 不將不迎, 應而不藏, 故能勝物而不傷.

2.

번역의 문제는 여러분에게 짐을 던져 놓았으니, 이제 편하게 내용을 살펴보아야겠다.

앞부분은 이름이나 명예나 재산이나 앎을 채우려 하지 말고 비우라고 말한다. "호랑이는 죽어 가죽을 남기고 사람은 죽어 이름을 남긴다"는데, 이름조차 남기지 말고 흔적 없이 노닐라고 권장한다. 하늘에서 얻은 바를 다 쓰고, 이익을 바라지 말고 비우라고 말한다. 지식이나 소유로 자신을 증명하지 말고, 하늘이 바라는 존재로 풍성하게 나누라고 말한다. 에리히 프롬의 '소유에서 존재로' 이동하는 삶이 연상된다.

뒷부분은 그 유명한 '거울'의 비유다. 마음을 거울과 같이 쓰라는 것이다. '완전한 수용성과 반사성'이 거울의 특징이다. 어떠한 것이 비추든 거절하지 않고, 비추는 사물 그대로를 되비치면서, 결코 자신의 상태는 바뀌지 않는 것이 거울이다. 거울은 선악의 판단을 하지 않고, 희노애락에 사로잡히지 않는다. 유학이나 불교에서도 이 거울의 이미지는 유용하여, 자신의 마음을 명경지수(明鏡止水)처럼 고유한 상태로 유지하라는 말도 있고, 거울이 잘 비추기 위해 거울의 때를 깨끗하게 닦으라는 이야기도 전해진다. 나는 마지막 문장에 꽂힌다. '승물이불상(勝物而不傷)'. 거울은 온갖 사물을 이기고[勝物], 상처받지 않는다[不傷]고 직역할 수 있으나, 나는 '비추기만 할 뿐 상처받지 않습니다'라고 새긴다.

대상과 만나 기쁨이나 슬픔의 감정이 생기고, 그로 인해 용기가 생기기도 하고 상처받는 것이 인지상정이지만, 그래도 상처를 너무 많이 받아 온 우리에게는 사람 때문에, 돈 때문에, 세상 때문에 상처받지 말라는 장자의 위로가 작은 도움이 된다. 그 위로로 오늘 하루를 버티면 된다. 우리에게 필요한 위로는 오늘 하루 양이면 족하다.

3.

관련지어 떠오르는 시 하나를 소개한다. 알프레드 디 수자가 썼다고 알려진 〈사랑하라, 한 번도 상처받지 않은 것처럼〉이다.

춤추라, 아무도 바라보고 있지 않은 것처럼.

사랑하라, 한 번도 상처받지 않은 것처럼.

노래하라, 아무도 듣고 있지 않은 것처럼.

일하라, 돈이 필요하지 않은 것처럼.

살라, 오늘이 마지막 날인 것처럼.

9

혼돈 이야기

멈춰라, 착취하는 그 손을

남쪽 바다의 임금은 숙입니다. 북쪽 바다의 임금은 홀입니다. 중앙의 임금은 혼돈입니다. 숙과 홀은 가끔 혼돈의 땅으로 찾아와 만났습니다. 혼돈은 그때마다 그들을 극진히 대접했습니다. 혼돈의 대접을 보답하고 싶어 숙과 홀이 의논했습니다.

"사람에게는 모두 일곱 개의 구멍을 가지고 있잖아요. 그래서 그것으로 보고, 듣고, 먹고, 숨 쉬고 있지요. 그런데 혼돈은 이런 구멍이 없어요. 우리가 구멍을 뚫어 줍시다."

그들은 혼돈에게 하루에 하나씩 구멍을 뚫어 주었습니다. 이레가 되자 혼돈은 죽고 말았습니다.

ー〈응제왕〉7

숙(儵)은 '갑자기 나타남'이고, 홀(忽)은 '홀연히 사라짐'이다. 생성과 소멸, 탄생과 죽음, 있음과 없음을 상징한다고 할 수도 있다. 그 중앙에 혼돈(混沌)이 산다. 생성도 소멸도 아직 없는 완전한 가능태이자 잠재태가 혼돈이며, 유학적으로 말하면 태극으로 분화되기 전 무극(無極)의 상태를 나타내기도 한다. 우리는 보통 혼돈을 '무질서(Chaos)'라고 해석하기도 하지만, 차라리 혼돈은 '질서-이전(pre-cosmos)'이라 말할 수 있다. 가장 근원적인 상태가 바로 혼돈이다.

　유학의 목표는 혼돈에서 질서가 생기는 문명의 세계를 정립하는 것이라면, 도학의 목표는 이러한 문명의 세계가 낳은 폐해를 극복하고 본래적 상태로 돌아가는 것이다. 무극 → 태극 → 음양 → 오행 → 만물의 화살표가 '진화'의 모습이라면 그 반대 방향으로 가는 것은 퇴보가 아니라 '역진화'의 모습이다. 장자는 문명의 역진화를 상상한다.

　역진화는 퇴행이 아니라 돌아감이다. 이전의 태도를 바꾸는 것이다. 이를 기독교에서는 회개(悔改)라고 한다. 잘못된 길에서 벗어나 바른 길을 선택하는 것이 회개다. 낭떠러지로 향하던 진로를 틀어 안전지대로 가는 것이 회개다. 철학적 용어로는 성찰(省察)이며 반성(反省)이다. 무엇 하려 회개하고 성찰하고 반성하는가? 본래의 모습을 회복하기 위해서다. 놀랍게도 『장자』 본문의 혼돈은 친절하다. 숙과 홀을 극진히 대접한다.

환대의 세계가 혼돈에 있다.

　우리는 지금 문명사회가 만들어 놓은 엄청난 폐해 속에 살아가고 있다. 인간의 탐욕은 자연을 파괴하고, 동물을 말살하고, 인간을 착취하는 불평등사회를 만들어 내었다. 우리가 누리는 문명의 혜택은 이러한 불평등을 유지시키면서 얻어진 것이라 볼 수 있다. 싼 가격의 농수산물은 농민과 어민을 불평등하게 착취한 결과물이다. 가정에서의 안락한 삶은 여성들의 그림자노동의 결과일 수 있다. 코로나 19와 기후 위기로 인한 자연재해가 자연의 산물이 아니라 인간의 탐욕이 빚어 낸 결과물이라고 말하면 과한 것일까? 인간이 편하려고 뚫어 놓은 구멍에서 혼돈(근원적 자연)은 연신 피와 고름을 쏟아 내고 있다. 혼동이 죽으면 질서가 잡히는 것이 아니라, 삶의 근거가 사라지는 것이고, 인간의 종말을 예고하는 것이다.

　장자는 내편 7편 응제왕의 마지막 에피소드에서 이를 경고하고 있는 것이다. 더 이상 뚫지 마라. 더 이상 파괴하지 마라. 삶의 그라운드(Ground, 근원과 토대)가 무너지면 모든 것이 무너진다. 생하고 멸하는 모든 존재들이여! 멈추라, 착취하는 그 손을. 혼돈의 환대를 맞이하고 싶다면!

10

장자의 분신, 안회

벼슬하지 않으렵니다

공자가 안회에게 말했습니다.

"안회야! 이리 와 보거라. 너는 집안이 가난하고 신분도 천한데 어찌하여 벼슬을 하려 하지 않는 것이냐?"

안회가 대답했습니다.

"저는 벼슬을 하고 싶지 않습니다. 제게는 성곽 밖에 밭이 조금 있는데 죽은 충분히 먹을 수 있습니다. 또 성곽 안에도 작은 밭이 있어 거기서 무명과 삼을 얻어 옷을 짓기에 충분합니다. 거문고를 타면서 스스로 놀 수 있고, 선생님에게 배워 스스로 즐겨 살기에 충분합니다. 저는 벼슬을 하고 싶지 않습니다."

공자가 갑자기 얼굴빛을 바꾸며 말했습니다.

"좋구나, 너의 생각이! 나도 이런 말을 들었다. '만족할 줄 아는 사람은 이익 때문에 스스로를 해치지 않고, 스스로 얻을 줄 아는 사람은 이익을 잃어도 두려워하지 않는다. 마음을 닦은 사람은 지위가 없어도 부끄러워하지 않는다'라고. 나도 이 말을 오래도록 기억하고 있었는데, 오늘에서야 너를 보면서 그 참모습을 보는구나. 이것이 나의 소득이로구나."

— 〈양왕〉 10

『장자』에 등장하는 인물을 보면 노자보다 공자가 더 많이 나온다. 그래서 어떤 학자는 장자가 노자 계열의 학자가 아니라, 공자 계열의, 더 정확히 이야기하면 안회 계열의 학자가 아닐까 추정하기도 한다. 그도 그럴 것이 장자가 평가하는 안회는 공자의 경지를 넘어서는 경우도 있기 때문이다. (〈대종사〉 15를 보면 안회가 좌망(坐忘)의 경지에 도달하자 공자는 "나도 너의 뒤를 따르며 배움을 얻어야겠다.[丘也請從而後也]"고 고백하기도 한다.)

어쨌든 안회와 장자는 평생을 가난하게 살았다는 점, 청빈한 삶에 머물며 벼슬을 하지 않았다는 점을 공유한다. 장자가 안회를 애정 어린 시선을 바라보는 데에는 그만한 이유가 있었던 것이다.

한편 장자나 안회나 벼슬을 얻을 수 있는 능력이 됨에도 벼슬을 얻지 않고 가난하게 살았다는 점에서 보면, 그들의 가난은 '자발적인 가난'에 가까운 것이리라. 과거에는 선비의 가난함은 '청빈(淸貧)'이라 하여 권력에 휘둘리지 않고, 언제든지 독립적 삶을 구성할 수 있는 조건이 됨으로 칭송받았다. 하지만 자본주의 사회에서의 '가난'은 극복되어야 할 무엇이지 추구해야 할 것은 아닌 것으로 평가되고 있다.

'많을수록 좋다'는 무한 부의 축적이 자본주의 사회의 권장 윤리이다. 문제는 그 '많을수록'이 한도가 없기에 브레이크가 없다는 점이다. 액셀레이터만 있고 브레이크가 없는 자동차는 분명 불량품일 것이다. 어디 불량품이기만 하랴. 자신도 죽이고 남도 해치는 살인무기임에 분명하다.

요즘 들어 깊이 생각하는 것이 바로 '브레이크'다. 멈춤이 없는 전진, 성찰이 없는 개발, 아낌이 없는 소비가 우리 사회를 위험하게 만들었다. 이 위험 사회에 살다 보니 언제 멈춰야 할지 까먹고 지내는 것 아닐까? 본문에서 안회는 공자에게 '원하지 않습니다[不願]'와 '충분합니다[足]'를 반복적으로 이야기한다. 넘치는 삶과 불필요한 삶에 제동을 거는 힘이 바로 이 두 문장이다. 그리고 이 두 문장은 바로 우리에게 필요한 문장이기도 하다.

+

『백경(Moby Dick)』의 작가로 유명한 허먼 멜빌은 단편 소설 『필경사 바틀비』를 통해 당시 미국 금융 경제의 중심가인 월 스트리트를 배경으로 '하지 않는 게 좋겠다(prefer not to do)'는 독특한 어구를 반복적으로 말하는 바틀비를 등장시켜 자본주의 욕망의 극단적 대립 인물을 창조한 적이 있다. 이 바틀비라는 인물은 자신의 삶에 만족한 것이 아니라, 끊임없이 거부하는 것만을 삶의 태도로 삼았기에 안회와 직결되는 인물은 아니지만, 나름 자본주의적 노동의 실체를 비판적으로 바라볼 수 있다는 점에서 참고할 만하다. 한번 읽어 보시길.

莊子

4

쓴맛

장자의 정치 풍자

1

전쟁의 희비극

하늘이 그런 것입니다

공문헌(公文軒)이 우사(右師)를 만나 보고 놀라며 물었습니다.

"아니, 이게 누구십니까? 어쩌다 한 발이 잘리신 겁니까? 하늘이 그런 것입니까? 사람이 그런 것입니까?"

우사가 말했습니다.

"하늘이 그렇게 한 것이지 사람이 한 일은 아닙니다. 하늘이 나를 만들 때 외발이 되도록 정한 것입니다. 사람의 모습은 두 개의 다리를 가지고 있습니다. 그러니 내 외발도 하늘이 그렇게 한 것이지 사람이 한 짓이 아닙니다.

못가에 사는 꿩은 열 걸음을 걸어야 한 번 쪼아 먹을 모이를 만나고, 백 걸음을 걸어야 한 번 마실 물을 만납니다. 그럼에도 새장 속에 갇혀 길러지기를 바라지는 않습니다. 왕같이 대접받을지라도, 즐겁지 않기 때문입니다."

—〈양생주〉4

공문헌과 우사가 실제 인물인지는 알 수 없다. 헌(軒)이라는
한자가 뚜껑이 있는 수레니까, 고위관료를 나타낸다고 유추할
수 있다. 우사(右師)는 '오른쪽 장군'이라고 번역하면 우군(右軍)
을 지휘하는 장군이라 할 수 있다. 그런데 어찌된 영문인지, 서
로 잘 나가던 고위관료 중 한 명인 우사가 발이 잘린 것이다. 아
마도 그들은 오랜만에 만났겠지. 공문헌이 놀란 것은 당연한 일.

"아니, 장군. 어쩌다 이리 되셨소?"

우사가 답했다. "하늘이 그런 것이지, 사람이 그런 것이 아
닙니다[天也, 非人也]." 하늘이 외발을 만들다니. 전쟁통에 다리가
잘려 나갔을까? 군대를 잘못 이끌어 처벌을 받아 다리가 잘렸
을까? 알쏭달쏭하다. 그런데 우사가 뒤에 직접 관련이 없어 보
이는 꿩 이야기를 한다. 아마도 여기서 힌트를 얻어야 할 듯.

꿩은 힘겹게 살아가지만, 새장에 갇혀 호의호식하며 지내지
않는다. 이유는 잘 먹기야 하겠지만 자유롭지 않기 때문이다.
한문 "神雖王, 不善也."을 나는 "왕같이 대접을 받을지라도, 즐
겁지 않기 때문입니다."로 새겼다. 왕같이 살더라도 즐겁지 않
다? 그래서 다리가 잘렸다? 그런데 그것을 하늘이 한 것이다?
갈수록 태산이다.

장자가 살았던 전국시대는 그야말로 '전쟁하는 시대'였다. 수많은 사람이 죽어 나갔고, 불구가 되어 돌아왔다. 장자가 살던 거리에도 그런 사람들이 넘쳐났을 것이다. 한편 어떤 사람들은 승승장구하여 출세하였다. 우사가 장군의 지위까지 올랐다면 그는 전승 기록을 여러 차례 달성했을 것이다. 그러던 그가 다리를 잃었으니, 이유야 어찌 되었든, 그는 이제 더 이상 장군의 역할을 할 수 없게 되었다. 상이군인(傷痍軍人)이 된 것이다. 수많은 영화에서 보여 주듯이 상이군인이 되면 자존감이 바닥으로 떨어진다. 그런데 우사는 다르다. 자신의 처지를 원망하지 않는다. 살기는 힘들어졌지만 자유를 얻었다고 말한다. 이제 더 이상 왕 같은 대접은 원하지 않는다고 말한다. 이대로 즐겁게 살겠단다.

가치의 역전이 벌어진다. 출세가 아니라 자유다. 갇혀 있는 왕같이 사는 것이 아니라 자유롭게 지내는 꿩이 되는 것이다. 열 걸음에 한 번 쪼고, 백 걸음에 한 모금 마셔도 그러한 삶을 살겠다고 말하는 것이다. 하늘이 나에게 두 번째 인생을 주었다고 말하는 것이다. 우사의 말은 자조(自嘲)의 언어가 아니라, 자긍(自矜)의 언어다. 즐겁지 않은[不善] 삶에서 즐거운[善] 삶으로 옮겨진 것이다. 다리 잃은 장군이 어렵사리 깨달은 지혜다. 우리는 고통 속에서 지혜에 도달하기도 한다. 하늘이 그렇게 만들기도 한다.

2

공자의 충고 1

마음을 굶겨라

(……)

안회가 말했습니다.

"저로서는 도저히 방도를 못 찾겠습니다. 부디 방도를 알려 주십시오."

공자가 대답했습니다.

"굶어라. 이것이 내가 너에게 해 줄 말이다. 사심을 가지면 잘 될 리가 없다. 잘 된다고 생각한다면 하늘이 마땅치 않아 할 것이다."

안회가 말했습니다.

"저는 집이 가난해서 술을 마시지도 않고 양념한 음식도 먹지 않은 지 여러 달이 되었습니다. 이 정도면 '굶었다'라고 할 수 있지 않을까요?"

공자가 말했습니다.

"그것은 제사 지낼 때의 '굶는 것'이지 '마음이 굶는 것[心齋]'
은 아니다."

안회가 물었습니다.

"마음이 굶다니요?"

공자가 말했습니다.

"뜻을 하나로 모아라. 귀로 듣지 말고 마음으로 들어라. 마음
으로 듣지 말고 흐름[氣]으로 들어라. 귀는 듣는 감각으로 듣고,
마음은 느낌으로 듣는다. 하지만 기의 흐름은 텅 비어 무엇이든
지 받아들일 수 있게 된다. 자연의 길은 텅 빈 곳으로 모이기 마
련이다. 그렇게 텅 비게 하는 것 그것이 '마음이 굶는 것'이다."

―〈인간세〉5

다시 공자와 안회의 이야기이다. 〈인간세〉의 거의 전편에
걸쳐 진행되는 이야기라 전체를 소개할 수는 없다. 간략히 소
개한다. 안회가 갑자기 공자에게 하직 인사를 하고 위나라로
가서 정치를 해 보겠다고 한다. 그동안 공자에게 배운 것을 써
먹겠다는 것이다. 공자는 위나라 임금의 포악함을 말하며, 안
회의 출세를 만류한다. 하지만 안회는 온갖 이야기로 스승을
설득하려 한다. 그러자 공자가 마지못해 안회에게 하는 충고가

바로 위의 에피소드다.

공자가 안회에게 던진 회심의 카드는 '굶어라[齋]'였다. 이 '재(齋)'는 목욕재계(沐浴齋戒)할 때 나오는 한자다. 결혼이나 제사 등을 치를 때 몸의 안과 밖을 깨끗하게 만들기 위해 목욕(沐浴)을 하고 부정을 타지 않기 위해 금식을 하거나 자극적인 음식을 먹지 않는 것이 재계(齋戒)이다. 『삼국유사』에서 곰과 범에게 마늘과 쑥을 먹으며 동굴에서 100일 동안 지내라고 말한 것이 바로 재계이다. 지금도 명문사대부 집안의 장손은 제사를 지내기 전에 부정 타는 일은 삼간다고 전해지지만 알 수 없는 일이다.

그런데 안회가 누구인가? 밥 굶는 것을 밥 먹듯이 했던 굶기의 대가가 아니던가. 이미 굶주리고 있는 자신에게 굶으라고 말하는 스승의 말이 미심쩍다. 그래서 그는 자신의 상태를 말하며 의문을 제시한다. 더 굶으라는 말입니까?

설마? 공자는 안회가 이해하는 '제사 때의 굶음[祭祀之齋]'이 아니라 '마음의 굶음[心齋]'을 이야기한 것이다. 마음의 굶음, 즉 '심재(心齋)'란 무엇인가? 감각에 기대거나 육신의 욕망을 따르지 않고 자연의 흐름[氣]에 자신을 맡기는 것이다. 자신을 비우고[虛] 대상을 기다리는 것[待物]이다. 텅 빈 곳이라야 자연의 길[道]이 모인다. 비우고 비우라. 그것이 마음의 굶음이다.

우리네 일상은 항상 채움을 추구한다. 텅 빈 통장은 삶을 불안하게 한다. 구차한 삶에서 벗어나려면 뭔가 채워야 한다. 지갑에 몇 만 원이라도 채워져 있어야 마음이 든든하다. 본문에 나오는 공자가 이런 최소한의 채움을 부정하는 것은 아니리라. 그는 육체적 상태가 아니라 마음의 상태를 점검한 것이다.

제자가 가려는 곳은 상아탑이 아니라 권력의 한복판이다. 말 한마디 실수가 구설수에 오르면 사지가 뒤틀리고, 목이 날아가는 살벌한 현장이다. 개혁을 주장했던 수많은 정치가들도 그렇게 목숨을 잃었던 곳이다. 교언영색(巧言令色)과 감언이설(甘言利說)이 넘쳐나고 구밀복검(口蜜腹劍)이 번뜩이는 아수라장이다. 난다 긴다 하는 자들도 쉬 살아갈 수 없는 곳이다. 조심하고 또 조심해야 한다. 하나밖에 없는 목숨 아닌가? 제자에 대한 스승의 사랑이 절박하고 애틋하다.

3

공자의 충고 2

부득이하게 살아라

얼마 후 안회가 말했습니다.

"제가 마음이 굶기 전에는 안회라는 제가 남아 있었는데, 마음이 굶으니 더 이상 안회가 남아 있지 않게 되었습니다. 이런 것이 '비움'입니까?"

공자가 말했습니다.

"그래, 그것이다. 내 이제 말해 주마. 위나라에 들어가 그 새장에서 노닐 때, 이름 따위에 흔들리지 말거라. 받아 주면 소리 내고[鳴], 들어 주지 않으면 그쳐라. 나갈 문도 없고 구멍도 없다면, 한마음으로 지니고 부득이(不得已)하게 살아라. 그러면 괜찮을 것이다.

걷지 않는다면 자취가 안 남겠지만, 걸으면서 자취를 안 남기기는 어렵다. 사람의 일을 하기는 쉽지만, 하늘의 일을 하기는 어려운 법이다. 날개가 있어 난다는 이야기는 들어 봤겠지만, 날개 없이 난다는 말은 못 들어 봤겠지. 앎이 있어 안다는 말은 들어 봤겠지만, 앎이 없이 안다는 말은 못 들어 봤을 것이다.

저 빈 곳을 보아라. 텅 비어 있지만 밝게 빛난다. 이런 곳에 머물면 좋다. 머물지 못하는 마음을 '앉아서 달린다[坐馳]'고 한다. 귀와 눈을 안으로 통하게 하고, 헛된 마음의 앎에서 벗어나라. 그러면 신령한 존재들도 머물 수 있을 터이니 사람이야 어떻겠느냐? 이것이 만물의 변화이다. 우임금이나 순임금도 지키려 했고, 복희나 궤거도 평생 따르려 했다. 그만 못한 사람이야 말할 것이 있겠느냐?"

—〈인간세〉 6

1.

우사는 갇혀 지내면서 왕처럼 사느니 힘들지만 자유로운 꿩처럼 살겠다고 말했는데, 지금 공자는 안회의 처지를 위나라에 갇혀 지내는 새처럼 여기고 있다. 내 일찍이 국가에서 보여 준 지나친 관심(?)으로 인해 갇혀 지내 본 적이 있다. 때는 바야흐로 김대중 대통령이 취임한 해, 검찰의 공안 부서가 축소될 위기에 처하자, 과거의 사건을 들쑤셔서 공안 사건을 만들어 내기에 바빴다. 나도 그러한 사건 피해자(?) 중 1인이었던 셈.

1심에서 끝날 줄 알았던 재판은 2심으로 연결되어 나는 여럿이 지내는 혼거방에서 혼자 지내는 독방으로 이감되었다. 몸은 갇혀 있지만 마음은 앉은 채로 달음질쳤다. 그야말로 '좌치(坐馳)'의 상황. 왜 지금이지? 왜 나지? 민주화시대 아니던가? 오히려 감옥에 갇혀야 할 인간들은 공안 사건을 조작해 내었던 검사들이 아니던가? 나 없이 가족은 잘 지내나? 아내는 고생하지 않을까? 돌도 안 지난 아이는 건강할까? 집안은 어떻게 굴러가고 있을까? 밖에서 고생하는 동지들에게 내가 참 짐이로구나……. 꼼짝없이 갇혀 어쩔 도리가 없는 상황에서 마음만 어지러워 잠이 오지 않았다. 오랜 수감 생활에 몸과 마음이 병들어 간다는 말을 실감할 수 있었다.

나갈 문도, 들어갈 구멍도 없는 상황이었다. 창살 밖에 비둘기처럼 날아서 집으로 돌아가고 싶었지만 날개가 없어 날지 못했다. 시간은 더디 갔고, 고통은 더해 갔다.

그때 나를 살린 것이 백석의 시와 불교의 초기경전 『숫타니파타』였다. 아침마다 일어나 빈 공책에 시와 경전을 한 구절씩 쓰고 명상하기 시작했다. 혼란했던 정신이 가라앉고 어두웠던 마음이 가끔은 환해졌다. 어쩔 도리가 없는 부득이(不得已)한 상황에서 내가 할 수 있는 일을 찾았다. 아내에게 매일 편지를 쓰고, 편지를 보내온 사람들에게 답장을 썼다. 항소이유서조차 쓰지 못하는 수감자의 이야기를 듣고 조리에 맞게 항소이유서를 작성해 주었다. 원망이 가라앉고 마음의 초점을 하루하루에 맞췄다. 그렇게 세 계절이 지나고 나올 수 있었다.

2.

위 본문은 전편에서 이어지는 이야기다. 드디어 안회가 마음 굶음[心齋]의 경지, 비움[虛]의 경지에 도달한다. 그러자 안회가 변했다. 이전에는 자신을 의식했는데, 이제는 자신을 의식하지 않게 되었다. 탈아(脫我)! 더 이상 안회는 없다. 그런 경지에 도달한 제자가 기특하기도 했는지 공자는 몇 가지 충고를 더해 준다.

충고 1 : 너는 새장 속으로 들어가는 것이다. 부득이 할 때만 노래해라.

충고 2 : 실천하기는 어렵겠지만 흔적을 남기지 말아라.

충고 3 : 마음을 분주히 움직이지 말고, 자신을 텅 비워 신령한 존재[鬼神]들이 찾아와 머물게 하라.

자발적으로 위나라로 떠나는 안회에게 보내는 공자의 충고다. 위태로운 인간세상을 살아가는 처방이 담겨 있다. 나는 여기에서 '부득이(不得已)'라는 말을 깊이 새긴다. 일상어의 뜻으로는 '마지못해, 어쩔 수 없이' 등 부정적 뉘앙스가 강하지만, 나는 나 나름대로 '아무것도 얻으려는 마음 없이'라고 적극적으로 해석한다. 부득이하게 임하자. 살면서 아무것도 바라지 않으며 살자. 아무것도 바라지 않는 빈 마음으로 살기는 어렵 겠지만, 그래도 계속해서 실천해 볼 일이다.

4

개망나니 길들이기

호랑이와 야생마를 길들이듯이

안합(顔闔)이 위나라 영공의 태자를 보좌하러 가게 되자, 거백옥(蘧伯玉)을 찾아가 자문을 구했습니다.

"여기 한 사람이 있는데, 나면서부터 덕이 모자랍니다. 그는 천방지축이어서 그대로 두면 나라가 위태롭고, 못 하게 하면 제가 위태롭습니다. 그는 남의 잘못을 알아보지만, 자신의 잘못을 알아보지는 못하는 지능을 갖고 있습니다. 저는 어쩌면 좋겠습니까?"

거백옥이 대답했습니다.

"좋은 질문입니다. 경계하고 삼가십시오. 그대의 몸가짐을 바르게 하십시오. 겉으로는 그를 따르고, 속으로는 조화를 이루십시오. 비록 그렇더라도 이 두 방책에 걱정이 있습니다. 그를 따르더라도 무조건 빠져들어서는 안 되고, 조화를 이루더라도 겉으로 드러나서는 안 됩니다. 그를 따르다가 자칫 빠져들게 되면 뒤집히고, 부서지고, 무너지고, 엎어집니다. 조화가 겉으로 드러나면 나쁜 평판이 생기고, 요상한 일이나 재난을 당하게 됩니다.

태자가 어린애가 되거든, 당신도 어린애가 되십시오. 멋대로 굴면 당시도 멋대로 행동하십시오. 엉터리같이 굴면 당신도 엉터리가 되십시오. 이러한 경지에 통달하면 탈은 없을 것입니다."

"······."

"당신은 사마귀를 아시지요? 수레가 달려오자 화가 나서 그는 앞발을 벌리고 수레바퀴 앞을 막아서서 죽을 때까지 물러서지 않습니다. 이런 것은 자신의 능력을 과신하는 것입니다. 경계하고 삼가야 합니다.

당신은 호랑이를 키우는 사람이 어찌 해야 하는지 아시지요? 호랑이에게는 먹이를 산 채로 주지 않습니다. 먹이를 죽일 때 사나움이 되살아나기 때문입니다. 먹이를 통째로 주지도 않습니다. 먹이를 물어뜯을 때 사나움이 되살아나기 때문입니다. 호랑이가 배고플 때와 배부를 때를 잘 가려 그 사나움을 수그러지게 합니다. 사람과 호랑이가 다르지만, 호랑이가 고분고분한 것은 호랑이의 성질을 잘 맞춰 주기 때문이고, 호랑이가 사나움을 드러내는 것은 호랑이의 성질을 거슬렀기 때문입니다.

당신은 말을 키우는 사람을 아시지요? 그는 말을 사랑하여 바구니로 똥을 받고, 큰 대합 껍데기로 오줌을 받습니다. 하지만 말 등에 모기가 앉은 것을 보고 말 등을 손바닥으로 치면, 말은 놀라 재갈을 부수고 그 사람의 머리를 깨거나 가슴을 받아 버리지요. 사랑은 극진했지만, 방법이 잘못된 것입니다. 그러니 어찌 조심하지 않을 수 있겠습니까?"

— 〈인간세〉 10, 11

천하의 개망나니가 있다. 위령공의 태자다. 노나라의 안합이 그의 스승으로 초빙되어 가게 되었는데, 걱정이 한둘이 아니다. 그래서 안합은 위나라의 현인 거백옥을 찾아갔다. (안합, 거백옥은 모두 공자 시대의 실존인물로 공자의 친구이다.) 아무래도 안합은 현지 사정에 밝은 거백옥이 실제적인 조언을 해 줄 것이라고 믿었다. 이른바 '개망나니 권력자 길들이기.'

거백옥의 충고가 절묘하다. "겉으로는 그를 따르지만, 그에 빠져들면 안 된다. 너무 빠져들어도 망할 것이고, 너무 거리를 두어도 망할 것이다. 상대방의 상태를 파악하여 그에 응하되, 그의 성질을 건드리지 말고 적절한 순간에 빠져나오라."

그래도 안합이 이해하지 못하자, 거백옥은 세 가지 동물을 예로 든다. 사마귀, 호랑이, 말! 사마귀는 안합의 처지를 비유한 것이다. 괜히 만용을 부리다가 수레(태자)에 깔려 죽은 수가 있으니 함부로 대결하려 하지 말라. 이른바 '당랑거철(螳螂拒轍)'의 우화가 여기서 등장한다.

다음으로 호랑이와 말은 태자를 비유한 것이다. 그렇다면 당연히 안합은 이 동물을 길들이는 조련사가 될 것이다. 호랑이는 맹수이니 사나운 성질이 드러나지 않도록 때를 맞춰 적절히 먹을 것을 주어 길들이고, 말은 온순해 보이지만 사랑이 과해서 말의 성질을 파악하지 못하고 행동했다가는 머리가 깨지거나 가슴이 부숴질 수 있으니 조심하라는 것이다.

직장생활을 하든, 공동체 생활을 하든 자신과 잘 맞지 않는 사람을 만나기 마련이다. 심지어 그런 사람이 자신의 생사여탈을 좌우하는 상사이거나 선배라면 그야말로 낭패다. 일단 까불면 안 된다. 수레에 깔려 터진 사마귀 신세가 된다. 특히 상사나 선배가 개망나니 급이라면 어쩔 것인가? 고까우면 그만두면 되지만, 버텨야 한다면? 고분고분하게 따르지만 그쪽 패거리에 가담해서는 안 된다. 일정한 거리를 두고 맹수를 길들이듯이, 야생말을 길들이듯이 조심조심해야 한다.

이러한 충고법은 인의예지로 무장한 유학자의 충고법이 아니다. 맹자처럼 사랑과 정의를 강조하며 왕이나 신하에게 대거리를 하는 강직함을 요구하지 않는다. 장자식 충고법은 이렇다. 지위나 명예를 얻게 되더라도 좋아하지 말고 함부로 나서지 마라. 무엇보다 목숨이 소중하다. 그러니 조심조심 상대방의 비위를 맞춰 가며 그의 성질을 가라앉혀라. 그의 사나움이 드러나는 조건을 만들지 말아라. 친해졌다고 함부로 대하지 말아라. 길들여진 것처럼 보이더라도 그는 개망나니 맹수다. 그 사실 하나만큼은 절대로 잊지 마라. 살아남아야 살아갈 수 있다. 제발 살아라.

5

겉 공부와 속 공부

화살에 안 맞은 게 요행이지

신도가(申徒嘉)는 형벌로 다리를 잘린 사람이었습니다. 그는
정(鄭)나라 재상인 자산(子産)과 함께 백혼무인(伯昏无人)을 스승
으로 모셨습니다. 자산이 신도가에게 말했습니다.

"내가 먼저 나가게 되면 자네는 머물러 있고, 자네가 먼저 나
가면 내가 머물러 있기로 하세. 나는 지금 나가려고 하는데 자네
는 좀 머물러 있다 나오게."

다음 날, 그들은 다시 한방에 자리하게 되었습니다. 자산이 신
도가에게 말했습니다.

"오늘도 내가 먼저 나가겠네. 자네는 좀 더 머물러 있다 나오
게. 그리고 자네는 재상인 나를 보고도 길을 비키려 하지 않는
데, 자네는 재상과 자네의 신분이 같다고 보고 있는 것인가?"

신도가가 말했습니다.

"선생님의 문하에 본시부터 재상이라는 신분이 있었던가? 자네는 재상이라는 신분을 내세우면서 남을 업신여기고 있네. '거울이 맑은 것은 먼지와 때가 묻지 않았기 때문이고, 먼지와 때가 묻으면 거울은 맑지 않게 된다. 베푸는 이와 오래 지내면 잘못이 사라진다'라는 말이 있지. 지금 자네가 크게 떠받들며 배우고 있는 분은 우리 선생님 아닌가. 그런데도 그런 말을 하고 있으니 잘못된 것이 아닌가?"

자산이 (못마땅해하며) 말했습니다.

"자네는 몸이 이 모양인데, 자네 따위가 요임금과 옳고 그름을 다투겠다는 것인가? 스스로의 모습을 보고도 헤아려 반성할 줄도 모르는가?"

신도가가 말했습니다.

"자기 잘못을 변명하며 처벌이 억울하다고 말하는 사람들이 많지. 하지만 자기 잘못을 변명하지 않고 처벌을 마땅하다고 여기는 사람은 드무네. 어쩔 수 없음을 알고 운명으로 받아들이는 것은 오직 덕이 있는 사람만이 할 수 있는 일이네. 명궁인 예(羿)의 활의 사정거리 안에 있으면 그 가운데 있는 모든 사람들은 화살에 맞을 사정거리에 있는 것일세. 사정거리 안에서 놀면서도 화살을 맞지 않는다면 그 또한 요행일 뿐이지. 그런데 자기 발이 온전하다며 나를 외발이라 비웃는 자가 많았다네. 그럴 땐 나도 불끈 화가 나곤 했지. 하지만 선생님이 계신 곳에 오면 모두 잊어버리고 마음이 다시 고요해졌네. 아마도 선생님의 옳음으로 나를 씻어 주셨나 보이. 나는 선생님을 따라 공부한 지 십구 년이 되지만 선생님은 내가 외발임을 단 한 번도 아는 척하지 않으셨지. 지금 자네나 나나 선생님에게 마음의 세계를 공부하고 있는데, 자네는 몸 밖으로 드러난 형체나 신분을 지적하고 있네. 뭔가 잘못된 것 아닌가?"

자산은 부끄러운 듯 낯빛과 태도를 바로잡고 말했습니다.

"그만하세."

— 〈덕충부〉 3

본문에는 찌질해 보이지만, 정자산은 관중, 안영과 더불어 춘추시대의 대표적인 명재상이다. 대국인 진(晉)나라와 초(楚)나라 사이에 끼어 있는 소국 정(鄭)나라의 귀족 출신으로 출중한 외교 능력과 정치 능력을 발휘하였다. 사마천의 『사기』에서는 재상 시절 정자산의 모습을 이렇게 묘사하였다. "자산이 재상이 된 지 1년 만에, 더벅머리 아이들이 버릇없이 까부는 일이 없어졌고, 노인들이 무거운 짐을 들고 다니지 않아도 됐다. 그리고 어린아이들이 밭갈이 등 중노동에 동원되지 않게 됐다. 2년이 지나자, 시장에서 물건값을 속이는 일이 없어졌다. 3년이 지나자, 밤에 문을 잠그지 않아도 됐고, 길에 떨어진 물건을 줍는 사람이 없었다. 4년이 지나자, 밭을 갈던 농기구를 그대로 놓아둔 채 집에 돌아와도 아무 일이 없었다. 5년이 지나자, 군대를 동원할 일이 없어졌고, 상복 입는 기간을 정하거나 명령하지 않아도 다들 알아서 예를 갖췄다."

그는 법가 사상의 선구자로 알려져 있다. 비록 입장은 달랐지만 유가의 창시자 공자도 칭찬해 마지않았던 인물이 바로 정자산이다.

이처럼 정자산은 명백한 실존인물인 반면, 신도가나 백혼무인은 가상의 인물이다. 장자는 이처럼 실존인물과 가상인물을 섞어 이야기를 만드는 팩션(Faction)의 귀재였다. 그리고 장자의 스토리에서는 실존인물이 주인공이 아니라 가상인물이 주인공인 경우도 많다. 신도가는 죄를 지어 다리가 잘리는 형벌을 받은 전과자다. 실로 희대의 명재상 정자산과는 비교 불가이다. 그런데 장자는 전과자인 신도가가 재상인 정자산에게 깨우침을 주는 방식으로 이야기를 전개시킨다. 즉, 현실에서는 도무지 일어날 수 없는 일이 장자의 이야기 속에서는 너무도 쉽게 일어난다. 그런 점에서 보면 이건 현실 이야기가 아니라 공상 과학에 가까운 이야기인 셈이다.

장자는 현실에서 일어날 법한 이야기를 뒤집는다. 상식은 파괴되고, 가치는 전도된다. 숭상받았던 인물들이 비판의 대상의 되는 성상파괴를 서슴없이 수행한다. 그렇게 이야기를 전개하며 장자가 전하고픈 메시지는 무엇일까? 첫째, 인간이 겪는 행불행은 우연의 산물이다. 그로 인해 벌어지는 불행과 행복을 자랑할 것도 과시할 것도 없다. 운명처럼 받아들여라. 둘째, 진짜 공부는 지위나 명예나 외모에서 오는 것이 아니라, 그러한 사태를 바라보는 마음에서 오는 것이다. 겉 공부가 아니라 속 공부가 중요하다.

머피의 법칙처럼 불행이 항상 따라 다닌다고 생각하는 사람이 있다면, 이 이야기가 조금은 도움이 될 것 같다. 하는 일마다 승승장구하는 행운아가 있다면, 이 이야기를 통해 조금은 겸손해지길 바란다. 불행을 일으키는 사건은 피할 수 없지만 그것을 불행으로 삼을지 성숙의 기회로 삼을지는 마음의 몫이다. 가끔 행운도 찾아오지만, 그것을 교만의 도구로 삼을지 나눔의 기회로 삼을지도 마음의 몫이다. 그 마음을 잘 잡는 사람이 잘 사는 사람이다.

6

세상의 어지러움

지혜의 그림자

아주 옛날에는 새끼에 매듭을 만들어 기호로 사용했으며, 먹는 음식을 달게 여겼고, 입는 옷을 아름답게 여겼고, 풍속을 따라 즐겼고, 거처를 편안히 여기며 지냈습니다.

이웃 나라를 서로 바라보았고, 닭과 개의 소리가 이웃 나라에까지 들렸지만, 백성들은 늙어 죽을 때까지 서로 왕래도 하지 않았습니다. 이러한 시대야말로 지극히 잘 다스려지던 때라 말할 수 있습니다.

지금은 백성들이 목을 빼고 발돋움하여 기다리다가 어디에 현명한 사람이 있다는 말만 들리면 양식을 싸 짊어지고 그에게 달려가는 세상이 되었습니다. 그러니 안으로는 그의 어버이를 버리고, 밖으로는 그의 임금을 섬기는 일을 버리는 것이 됩니다.

그들의 발자취는 제후들의 국경에 줄을 잇게 되고, 그들의 수레 바퀴 자국은 천리 밖에까지 연결이 됩니다. 이것은 바로 임금이 지혜를 좋아하는 데서 생긴 잘못입니다.

임금이 정말로 지혜만 좋아하고 도를 알지 못하면 천하는 큰 혼란에 빠지게 됩니다. 무엇으로 그것을 알 수 있을까요? 사람 들이 지혜가 생겨 활, 쇠뇌, 그물, 주살, 덫, 올가미 등을 발명하 자, 새들은 곧바로 하늘 위를 어지럽게 날게 되었습니다. 낚시, 미끼, 그물, 투망, 전대, 통발 등을 발명하자 곧바로 고기들은 물 속을 어지러이 헤엄치게 되었지요. 덫, 함정, 그물 등을 발명하 자 곧바로 짐승들은 진창을 어지러이 뛰어다니게 되었습니다. 지혜로 인해 거짓, 속임수, 원한, 궤변, 논쟁, 의견 차이 등이 많 아지자 곧바로 세상의 습속은 달콤한 말에 속아 넘어가기 시작 했습니다.

이처럼 온세상이 크게 어지러워진 죄는 지혜를 좋아하는 데 있는 것입니다. 세상 사람들은 모두 자기가 알지 못하는 일은 추 구할 줄 알면서도, 자기가 이미 알고 있는 일은 추구할 줄을 모 릅니다. 모두 자기가 좋지 않다고 생각하는 일은 비난할 줄 알면 서도, 이미 자기가 좋다고 생각한 일에 대해서는 반성할 줄을 모 릅니다. 그래서 세상은 크게 어지러워졌습니다.

위로는 해와 달의 밝음을 어기고, 산과 내의 정화를 녹여 버리 고, 가운데로는 사철의 변화를 무너뜨렸습니다. 숨 쉬며 움직이는 벌레나 날아다니는 새들에 이르기까지 모두가 그들의 본성을 잃게 되었습니다.

지혜를 좋아하는 것이 이토록 세상을 어지럽히게 된 것입니다. 하와 은과 주나라의 3대 이후로는 언제나 이와 같았습니다. 농사짓는 백성들은 버리고, 교활하고 간사한 자들을 좋아하며, 고요한 무위는 버리고, 남을 속이는 마음을 즐겨 하는데, 어찌 천하가 어지럽지 않겠습니까.

—〈거협〉6

지혜란 무엇인가? 지식의 정수이다. 데이터를 정리하여 정보를 얻고, 정보를 체계화하여 지식을 형성한다면, 지식을 압축하여 지혜가 형성된다. 인류 문명사는 바로 이러한 지혜를 탐구하는 역사라 할 수 있다.

모든 성인(聖人)과 현인(賢人)들이 다 이 지혜를 탐구하는 데 전력을 기울였다. 그리고 그 지혜를 제도화하여 문명을 건설했다. 문명의 이기(利器)와 제도(制度)는 이 지혜의 산물이다. 그런데 장자는 이러한 지혜에 딴지를 건다. 다스리는 자들이 "지혜만 좋아하고 도를 알지 못해 천하는 큰 혼란에 빠졌다"고 일침을 놓는다.

이데아의 세계는 잡다함을 허용하지 않는다. 세상은 온통 울퉁불퉁하건만 동그란 원이 아니면 원으로 취급하지 않는다.

네모도 아니고 동그란 것도 아닌 것은 회색 취급을 당한다. 개념(槪念)이란 말은 넘치는 것을 자르고 모자란 것들을 무시하는 프로크루테스의 침대와 같다. 긴 놈은 잘리고 짧은 놈은 늘려야 한다. 무엇이 되었든 죽음을 면치 못한다. 한 번 정해진 개념과 제도는 사람의 삶을 유혹하면서 위협한다. 개념을 모르면 무지한 자가 되고, 제도를 벗어나면 범법자가 된다. 자연스러운 삶은 사라지고 측정된 삶, 만들어진 태도가 삶을 지배한다.

지혜는 마치 사냥도구와 같다. 정교하고 정밀할수록 뭇 생명에게는 위협적이다. 살리는 도구가 아니라 죽이는 도구다. 더위는 에어컨으로 없애고, 추위는 히터로 없애면서 자연을 파괴하는 것이 문명의 혜택이다. 기후변화에서 기후위기를 넘어, 이제는 기후재난의 시대가 되었다. 잘 살자고 만들어 놓은 제도와 이기가 모두의 생명을 위협하는 무기가 되어 버렸다. 자신에게 좋은 것을 벗어난 것을 비난하고 혐오한다. 자신이 좋아하는 것만 좋다 하고 좋은 것을 반성할 줄을 모른다. 그러는 사이에 자연은 파괴되고 인성은 사라진다. 사람 하나 살자고 만물을 죽이는 것이 곧 지혜이고 문명의 실체다.

장자는 지혜의 그림자를 보고 있다. 문명의 악마성을 통찰한다. 장자의 눈은 인간의 눈을 넘어 새와 물고기와 벌레의 눈으로 확장된다. 그래서 "위로는 해와 달의 밝음을 어기고, 산과 내의 정화를 녹여 버리고, 가운데로는 사철을 변화를 무너뜨렸

습니다. 숨 쉬며 움직이는 벌레나 날아다니는 새들에 이르기까
지 모두가 그들의 본성을 잃게 되었습니다."라고 고발할 수 있
었던 것이다. 어디 우주와 자연만이겠는가? 그 속에 살고 있는
인간도 마찬가지이다.

7

부끄러움은 나의 것

기계-인간

자공이 남쪽으로 초나라를 유람하고 나서 진나라로 돌아오다가, 한수 남쪽을 지나는 길에 한 노인이 채소밭을 돌보고 있는 것을 보았습니다. 그는 땅을 파고 우물로 들어가 항아리에 물을 퍼 들고 나와서 물을 주고 있었습니다. 힘을 무척 많이 들이고 있었으나 효과는 거의 없었습니다.

자공이 말을 걸었습니다.

"기계가 있다면 하루에 상당히 많은 밭에 물을 줄 수 있을 것입니다. 힘을 아주 적게 들이고도 그 효과는 클 것입니다. 왜 기계를 쓰지 않으십니까?"

노인이 머리를 들어 자공을 보며 말했습니다.

"어떻게 하는 것입니까?"

자공이 말했습니다.

"나무에 구멍을 뚫어 만든 기계인데 뒤는 무겁고 앞은 가볍습니다. 손쉽게 물을 풀 수 있는데 빠르기가 물이 끓어 넘치는 것 같습니다."

밭을 돌보던 노인은 성난 듯 얼굴빛이 바뀌었으나 잠시 후 웃으며 말했습니다.

"내가 우리 선생님께 듣기로는 기계를 가진 자는 반드시 기계를 쓸 일이 생기게 되고, 기계를 쓸 일이 있는 사람은 반드시 기계에 대해 마음을 쓸 일이 있게 되고, 기계에 대한 마음 쓰임이 가슴에 차 있으면 순박함이 갖추어지지 않게 되고, 순박함이 갖추어지지 않게 되면 정신과 성격이 불안정하게 되고, 정신과 성격이 불안정한 사람에게는 도가 깃들지 않게 된다고 했습니다. 나는 기계의 쓰임을 알지 못해서 쓰지 않는 것이 아니라 부끄러워서 쓰지 않고 있는 것입니다."

자공은 부끄러워 얼굴을 붉히며 몸을 굽힌 채 말대꾸도 못 했습니다.

—〈천지〉11

기계는 인간에게 편의를 제공하는 도구이다. 기계는 본래 인간의 힘을 대체하기 위해 만들어졌다. 산업혁명은 인간의 육체적 힘을 훨씬 능가하는 기계를 제작하는 것에서 시작하였다.

기계 한 대가 백 사람, 천 사람의 노동력을 대신하였다. 인간을 위해 만들어 놓은 기계가 인간을 대체하자, 인간은 무능해졌다. 그나마 기계에 적응하는 인간은 살아남았고, 적응하지 못하는 인간은 직장을 잃었다. 인간의 편의를 위해 만들어진 기계가 모든 인간에게 편의를 제공하지 않았다. 기계를 소유한 인간에게만 편의를 제공했다. 기계의 소유 여부에 따라 인간 사이에 격차가 벌어졌다.

기계에 적응한 인간도 행복하지 않았다. 자율적인 인간의 힘, 리듬, 속도는 기계의 힘, 리듬, 속도에 맞춰지게 되었다. 기계가 인간의 몸과 마음을 배려하는 것이 아니라, 인간이 기계의 움직임을 따라야 했다. 기계가 전면화되자 이제 인간은 기계-인간으로 부속품처럼 살아야 했다. 기계보다 능력이 부족한 인간은 기계보다 빨리 소모되고 소멸되었다. 기계를 소유한 자는 행복한가? 더 나은 기계를 가진 자와 경쟁하다가 역시 소모되고 소멸되었다. 기계가 발전할수록 인간은 더 빨리 소모되고 소멸되었다.

이제 세상은 기계-인간 천지가 되었다. 기계에게 몸을 빼앗기고 마음을 지배당하게 되었다. 기계가 작동하지 않으면 불안하고 온통 기계에게만 마음을 주게 되었다. 인간성을 줄어들고 기계성이 늘어났다. 인간의 편의라는 시작점은 인간의 지배로 귀결되었다. 기계의 쓰임은 무엇인가? 기계를 쓰면서 우리는 어떻게 변하는가? 인간성은? 그렇게 기계에 휘둘려 사는 것이 부끄럽지 않은가?

자동차와 스마트폰이 없으면 단 하루도 살 수 없을 것 같은 현대인에게 장자는 묻고 있다. 기계로 인해 그대가 얻은 것은 무엇인가? 잃은 것은 무엇인가?

8

말에 살고 죽고
책은 쓰레기다

제나라 환공이 대청 위에서 책을 읽고 있을 때, 뜰 아래에서 수레바퀴를 깎고 있던 목수가 망치와 끌을 놓고 올라와서 환공에게 물었습니다.

"임금님께서 읽고 계신 것에는 무엇이 쓰여 있는지 알고 싶습니다."

환공이 말했습니다.

"성인의 말씀이시다."

"성인은 살아 계신 분입니까?"

"이미 돌아가신 분이다."

"그렇다면 임금께서 읽고 계신 것은 옛사람의 찌꺼기로군요."

환공이 화를 내며 말했습니다.

"내가 책을 읽고 있는 것에 대해 수레바퀴나 만드는 놈이 어찌 평가하느냐? 올바른 근거가 있으면 모르지만 그렇지 않다면 죽여 버리겠다."

목수는 말했습니다.

"저는 제가 하는 일로서 그 일도 관찰한 것입니다. 수레바퀴를 깎을 때, 엉성히 깎으면 헐렁해져 견고하게 되지 않고, 꼼꼼히 깎으면 빠듯해져 서로 들어맞지 않습니다. 엉성하지도 않고 꼼꼼하지도 않게 하는 것은, 손의 감각과 마음의 호응으로서 결정되는 것이지 입으로 말할 수는 없는 것입니다. 거기에 법도가 존재하기는 하지만 저는 그것을 저의 아들에게 가르쳐 줄 수가 없고, 저의 아들은 그것을 저에게 배울 수가 없습니다. 그래서 나이 칠십이 되도록 수레바퀴를 깎고 있는 것입니다. 옛날 사람과 그의 전할 수 없는 정신은 함께 죽어 버린 것입니다. 그러니 임금님께서 읽고 계신 것은 옛사람들의 찌꺼기일 것입니다."

— 〈천도 13〉

일찍이 프란츠 카프카는 『변신』이라는 작품에서 "우리가 읽는 책이 우리의 머리를 주먹으로 한 대 쳐서 우리를 잠에서 깨우지 않는다면, 도대체 왜 우리가 그 책을 읽는 거지? 책이란 무릇, 우리 안에 꽁꽁 얼어 버린 바다를 깨뜨려 버리는 도끼가 아니면 안 되는 거야."라고 말한 바 있다. 이를 박웅현은 "책은 도끼다"라는 말로 압축하면서 자신의 책 제목으로 삼았다.

이처럼 책은 우리의 무지를 타파하고, 지식을 전수하며, 삶을 살아갈 지혜를 주는 최고의 보고(寶庫)라 할 수 있다. 그런데 본문에서는 임금이 읽고 있는 책 앞에서 수레바퀴나 만드는 공인(工人)이 "책은 찌꺼기다"라고 실로 무례한 언설을 피력한다. 목숨이 아홉 개나 되는 구미호도 아니면서, 이렇게 죽을 각오를 하고 말하는 노인의 심보는 뭔가?

드라마로 치면 갈등이 최고조로 오르는 장면이다. 자, 노인의 변명 한마디가 목숨에 값해야 한다. 노인은 아무렇지도 않은 듯 담담하게 자신의 경험을 이야기한다. 수레바퀴를 깎는 게 보기는 쉬워도 워낙 정교한 일이라 손의 감각을 최고도로 높이고 마음이 호응해야 이루어지는 것이므로, 말로는 전달할 수 없다는 것. 그래서 이 힘든 일을 자식에게 맡기지도 못하고 나이 칠십이 되도록 스스로 깎고 있다는 것이다.

이처럼 말로는 전할 수 없는 경지가 있어, 스스로 시행착오를 겪으며 살아가면서 몸으로 체득할 수밖에 없는 삶이 있다. 그 마음을 말로는 전달할 수 없어 말없이 꽃 한 송이를 들었던 부처처럼. 인생의 정수는 불립문자(不立文字)일 수밖에 없다. 말하면 말할수록 더 선명해지는 것이 아니라 거울에 먼지가 앉듯 더욱 뿌옇게 되는 사태가 있다. 먼지가 뒤덮인 거울은, 말로 닦는 것이 아니라 몸으로 닦아야 한다. 말로 다할 수 없는 경지는 삶으로 살아야만 증명되는 것일 수도 있다.

말(글)은 어쩌면 연필심을 드러내기 위해 둘레를 조심스럽게 깎는 행위일지 모른다. 그렇게 깎여 나간 나무 찌꺼기가 모여 책이 된 것은 아닐까?

9

그대는 편안한가?

적당할 때 멈추라

말을 잘 모는 동야직이 위나라 임금인 장공을 만났습니다. 말이 나가고 물러남이 먹줄에 들어맞을 듯이 곧았고, 좌우로 도는 것은 그림쇠로 그린 듯 동그랬습니다. 장공은 아무도 이렇게 말을 몰 수 없다고 칭찬하며 그림쇠처럼 백 번을 돌고 오라고 명령했습니다. 안합이 지나가다 이 장면을 우연히 보고 장공을 찾아와 말했습니다.

"동야직의 말이 쓰러지고 말 것입니다."

장공은 잠자코 대답하지 않았습니다. 조금 후에 과연 말이 쓰러져 돌아왔습니다.

장공이 물었습니다.

"그대는 어찌 말이 쓰러질 것을 알았소?"

안합이 대답했습니다.

"말이 기력을 다했는데도 계속 돌게 만들었으니 쓰러질 것이
라 말했을 뿐입니다."

—〈달생〉 11

공수가 손으로 그리면 그림쇠나 굽은 자를 사용한 듯 정확했
습니다. 그의 손가락이 물건과 하나 되어 다른 생각을 하지 않았
습니다. 손과 정신이 하나가 되니 아무런 거리낌도 없었습니다.
신발이 편하면 발을 잊게 되고, 허리띠가 편하면 허리를 잊게 됩
니다. 마음이 편하면 시비를 잊게 되지요. 일이 순조롭게 잘 되
면 마음이 바뀌지 않고, 외부 환경에도 영향을 받지 않게 됩니
다. 시작이 편하고 내내 편하면 나중에는 편하다는 생각조차 잊
게 됩니다.

—〈달생〉 12

자, 상반된 에피소드가 연속해서 등장한다. 말을 잘 몬다는
동야직은 말이 죽었고, 신발이나 허리띠를 만드는 공수는 물건
을 너무 잘 만들어 신발을 신으면 발이 불편하지 않고, 허리띠
를 매면 허리가 불편하지 않았다. 차이는 무엇인가?

장자는 알맞음[適]이라 말한다. 안팎으로 지나치지 않는 것
이 알맞음이다. 동야직은 말을 틀에 맞게 움직이게 하려다 말

의 알맞음을 놓쳤다. 말은 본성상 완전히 동그랗게 돌거나 규격에 맞춰 움직일 수 없다. 그렇게 움직이게 만들려면 억지와 강제가 있어야 한다. 억지와 강제는 생명을 쉬 지치게 만들고 지나치면 죽게 만든다. 적당할[適] 때 멈춰야 했다. 억지와 강제에도 한도가 있다. 동야직의 말부림과 말의 움직임이 충돌하는 경우이다. 말은 혹사당해 죽었다.

한편 공수는 발이 편하게 신발을 만들고, 허리가 편하게 허리띠를 만든다. 편안한 신발은 신지 않은 듯하고, 편안한 허리띠는 차지 않은 듯하다. 발이 신발을 잊고, 허리가 허리띠를 잊는 경지이다. 신발을 꾸미느라 발을 혹사시키지 않고, 허리띠를 꾸미느라 허리를 혹사시키지 않는다. 가장 알맞음(편안함)은 알맞다(편안하다)는 생각조차 잊게 되는 경지이다.

E. F. 슈마허는『작은 것이 아름답다』는 책에서 '적정기술(중간기술)'이라는 개념을 제시한다. 대규모, 대용량, 최대생산, 최대소비 대신 '불교경제학'에 따른 정적한 규모, 생산, 소비를 이야기한다. 기술 역시 삶의 규모에 맞는 '적정기술'이 필요하다. 다다익선(多多益善)이 아니다. 대량생산과 소비는 대량 쓰레기를 낳을 뿐이다. 규모에 맞지 않는 살림살이는 빚을 늘리고 삶을 파괴한다. 최고가 되려고 하고, 최대가 되려고 하면 삶을 잃을 수 있다. 쉬어야 하는 말을 혹사시키는 동야직처럼, 우리는 무한경쟁 속에서 질주하며 우리를 죽이고 있지는 않는지.

적당할 때 멈추어야 한다. 넘치면 불편하고, 불편하면 오래 살지 못한다. '알맞음'을 잃은 삶은 그래서 위태롭다. 정신줄을 놓게 만들고 삶을 쓰러지게 한다. 그만하면 됐다. 지금은 멈출 시간이다.

10

비슷한 건 가짜다

마지막 유학자

장자가 노나라 애공을 만났을 때, 애공이 말했습니다.

"노나라에는 공자의 뜻을 따르는 유자들은 많지만 선생의 학술을 닦는 사람은 적습니다."

장자가 말했습니다. "노나라에는 유자도 적습니다."

애공이 물었습니다. "온 노나라 사람들이 유자의 옷을 입고 있는데 어찌 유자가 적다고 하십니까?"

장자가 대답했습니다.

"제가 듣건대 유자가 둥근 관을 쓰고 있는 것은 하늘의 때를 안다는 표시이고, 모난 신을 신고 있는 것은 땅의 현상을 안다는 표시이고, 깨진 모양의 옥을 차고 있는 것은 결단성 있게 행동한다는 표시라고 했습니다. 그러나 군자가 그런 도를 안다고 꼭 그런 복장을 하는 것은 아니며, 그런 복장을 한다고 꼭 그런 도를 아는 것은 아닙니다. 의심스러우시면 나라에 명령을 내려 보시면 어떻겠습니까. '도를 알지 못하면서 유자의 복장을 하고 다니면 사형에 처한다'고 말입니다."

이에 애공은 정말 명령을 내렸다. 닷새가 지나자 노나라에는 감히 유자의 옷을 입고 있는 자가 없게 되었습니다. 다만 한 사람이 유자의 옷을 입고서 궁궐 문 앞에 서 있었습니다. 애공이 곧 그를 불러 나랏일에 대해 물어보니, 온갖 문제에 대하여 자유자재로 이야기하는데 막힘이 없었습니다.

장자가 말했습니다. "노나라에 유자는 한 사람뿐이군요. 어찌 많다고 할 수 있겠습니까?"

— 〈전자방〉 5

일단 역사적 사실 확인. 노나라의 애공은 기원전 521년에 26대 임금인 정공의 아들로 태어나, 기원전 495년에 정공이 죽자 27대 임금이 되었다. 애공 임기 동안 오나라와 제나라 등 여러 차례 전쟁을 벌였고, 기원전 468년에는 노나라 귀족들인 삼환씨를 무력으로 다스리려 했으나, 오히려 패배하여 월나라로 추방되어 기원전 467년에 그 땅에서 죽은 불운의 임금이다. 『논어』에도 그 이름이 등장하는 공자와 같은 시대의 사람이다. 그러니 결코 전국시대의 장자와 만날 수 없다. 말인즉, 위 에피소드는 실제 일어난 일이 아니라는 것. 가상의 에피소드인 셈이다.

어쨌든, 공자가 활약했던 노나라는 주나라 무왕이 은나라를 물리치고 천하를 장악하고, 그의 뒤를 이어 주나라를 바로 세웠던 무왕의 동생인 주공의 업적으로 분봉받은 나라다. 하늘의 올리는 제사는 원래 주나라에서만 허용되었으나, 주공의 업적이 드높아 노나라에서도 올릴 수 있도록 허용되었다. 그만큼 자부심이 강한 나라라고 볼 수 있다. 노나라 출신의 공자는 학문을 세움에 있어, 요, 순, 우, 탕, 문, 무왕을 성인 반열에 올리고, 주나라 창건에 큰 공로를 세운 주공을 학문적 스승으로 삼았다. 그렇게 정립한 학문이 바로 유학이다. 노나라는 유학의 종주국이라 할 수 있다.

유학의 종주국이니 유자(儒子)가 많은 것은 당연지사. 애공이 장자에게 노나라에 유학은 성행하는데 도학은 적다고 말한 것 역시 당연지사일 것이다. 그런데 장자는 묻는다. 과연 유학의 도를 따르는 진정한 유자가 많은가? 입신출세를 하기 위해 유자인 양하고, 유자의 복식을 따른다고 진정한 유자인가? 격식과 복색이 그의 정체성을 결정하는가? 확인해 본 즉, 진정한 유자는 없었다. 고작 한 명이 있었을 뿐이다.

니체는 『안티크라스트』에서 진정한 기독교인은 예수 한 명뿐이라고 말했는데, 딱 그 꼴이다. 유행 따라 사는 것도 제멋이지만, 유행을 따른다고 패셔니스타가 되는 것이 아닌 것처럼, 어떤 사상을 아는 척한다고 사상가가 되는 것은 아니다. 『법구경』에서도 염불을 외우고, 중의 복장을 하고, 걸식을 다닌다고 다 중이 되는 것은 아니라고 강조한다. 진리를 따라 살아가는 것은 쉬운 일이 아니다. 비슷한 것은 가짜다. 목숨을 빼앗겨도 포기하지 않는 '찐'은 그리 많지 않다. 어디 유자만 그렇겠는가.

✚

그런데 애공의 궁궐 앞에 선 마지막 유자는 누구였을까?
니체적 상상력을 발휘해 보면, 혹시 공자는 아니었을까?

11

칼의 노래

칼에도 등급이 있다

"천자의 칼이란 무엇입니까?"

"천자의 칼이란 연나라의 계곡과 변방의 석성을 칼끝으로 하고, 제나라의 태산을 칼날로 삼으며, 진과 위나라가 칼등이 되고, 한나라와 위나라가 칼집이 되며, 사방의 오랑캐들로 칼을 싸고, 사계절로 감싸서, 그것을 발해로 두르고, 상산을 띠 삼아 허리에 찹니다. 그 칼을 오행으로 제어하고, 형벌과 은덕으로 휘두르며, 음양의 작용으로 뽑고, 봄과 여름으로 들어 올리고, 가을과 겨울로 내리칩니다. 이 칼을 곧장 내지르면, 앞을 가로막는 것이 없고, 아래로 내리치면 걸리는 것이 없으며, 휘두르면 사방에 거칠 것이 없습니다. 위로는 구름을 끊고, 아래로는 대지의 밧줄을 자를 수 있습니다. 이 칼은 한번 쓰기만 하면 제후들의

기강이 바로 서고, 천하가 모두 복종하게 됩니다. 이것이 천자의
칼입니다."

　문왕이 멍하니 바라보다 말했습니다.
　"제후의 칼은 어떻습니까?"
　"제후의 칼은 용기 있는 자로 칼끝을 삼고, 청렴한 사람으로
칼날을 삼으며, 현명하고 어진 사람으로 칼등을 삼고, 충성스러
운 이로 칼자루의 테두리를 삼으며, 호걸로 칼집을 삼습니다. 이
칼 역시 곧장 내지르면 앞에 가로막는 것이 없고, 위로 쳐올리면
위에 걸리는 것이 없으며, 아래로 내치면 아래에 걸리는 것이 없
고, 휘두르면 사방에서 당할 것이 없습니다. 위로는 둥근 하늘을
법도로 삼아 해와 달과 별의 세 가지 빛을 따르고, 아래로는 모
가 난 땅을 법도로 삼아 사계절을 따르며, 가운데로는 백성들의
뜻을 헤아리어 사방의 온 나라를 편안하게 합니다. 이 칼을 한번
쓰면 천둥소리가 진동하는 듯하며, 나라 안 사람들이 복종하지
않는 이가 없게 되어 모두가 임금님의 명령을 따르게 됩니다. 이
것이 제후의 칼입니다."

　"서민의 칼은 어떻습니까?"
　"서민의 칼은 더벅머리에 살쩍은 비쭉 솟았으며, 낮게 기운 관
을 쓰고, 장식이 없는 끈으로 관을 묶었으며, 소매가 짧은 옷을

입고, 부릅뜬 눈으로 거친 소리를 질러 대고, 임금님 앞에서 서
로 치고받으며 싸웁니다. 위로는 목을 베고, 아래로는 간과 폐를
찌릅니다. 이것이 바로 서민의 칼입니다. 이른바 닭싸움과 다를
것이 없습니다. 일단 목숨을 잃고 나면 이미 나랏일에 쓸모가 없
게 되는 것입니다. 지금 임금께서는 천자와 같은 자리에 계시면
서도 서민의 칼을 좋아하시니 저는 그것이 안타까울 뿐입니다."

― 〈설검〉 2

조나라의 문왕은 칼싸움 구경을 좋아했다. 사방에 검투사
들이 몰려들어 싸움을 하니 1년에 100여 명이 죽어 나갔다. 그
런데도 문왕은 칼싸움 구경을 그치지 않았다. 3년이 지나자 나
라 꼴은 엉망이 되고, 다른 나라들이 조나라를 호시탐탐 노렸
다. 이를 염려한 태자 회는 측근을 불러 모아 대책을 논의했다.
장자라면 이 문제를 풀 수 있을 것이라는 의견이 나왔다. 태자
는 1천금을 보내 장자를 데려오려 했으나, 장자는 거부했다. 그
래서 태자가 몸소 장자를 만나 간곡히 이 문제를 해결해 달라고
부탁했다. 장자는 이를 승낙하고 검투사복으로 갈아입은 후 문
왕 앞에 서게 된다. 그리고 일장 연설을 하는데, 위의 내용이다.

"칼을 쓰는 자는 칼로 망하리라"라고 예수도 말했다. 무력
(武力)을 좋아하는 사람은 더 큰 무력 앞에서는 무력(無力)해지
기 마련이다. 최고의 병법가 손자도 전쟁은 가장 늦게 선택하

는 것이라 했다. 큰 힘은 싸움이나 전쟁이 아니라 평화와 번영을 위해서 쓰여야 한다. 힘이 강하면 강할수록 그에 따른 책임도 막중해진다. 그러니 함부로 사용해서는 안 된다. 지구상의 최강대국인 미국과 중국이 다른 나라의 지지를 받는 것이 아니라, 견제와 두려움의 대상이 된 것은 그들이 무력을 지구 평화를 위해서 사용하지 않기 때문이다. 자국의 이익만을 위한 무력은 언젠가는 부메랑이 되어 자국을 망하게 할 수도 있다. 제국의 몰락이 그를 증명한다.

제국의 몰락은 그들의 무력이 약해져서가 아니다. 그 무력으로 횡포를 저질렀기 때문이다. 함부로 쓰는 무력은 그 규모와 상관없이 깊은 상처를 남긴다. 그 무력이 어디 칼뿐이겠는가? 우리 사회는 어느새 배제와 혐오의 언어들이 SNS 상에 난무하고 있다. 언어폭력이다. 한 사람이 만든 가짜뉴스가 검증도 되지 않고 순식간에 퍼져 나간다. 사랑과 정의가 배제된 혐오와 불의의 언어가 힘을 얻게 되면 그 사회는 곧 위태로워진다. 말의 힘이 칼의 힘보다 결코 약하지 않다.

돈의 힘도 마찬가지. 더 큰 돈을 가지고 있는 사람일수록 그 돈의 쓰임새에 막중한 책임감을 느껴야 한다. 자신의 이익만을 위해 온갖 불의와 부정의를 저지르면, 당장은 이익이 될지 모르지만 결국은 낭패를 당하게 된다. 법의 힘도 그러하다. 지금 우리나라에서 벌어지고 있는 온갖 법을 둘러싼 사태는 법을 수

호하려는 것이 아니라, 자신의 이익을 수호하려는 것이 다반사다. 그렇게 큰 힘을 자신의 이익만을 위해 쓰기에 국민은 궁핍해지고 나라는 위태롭게 되는 것이다. 망국의 지름길이다.

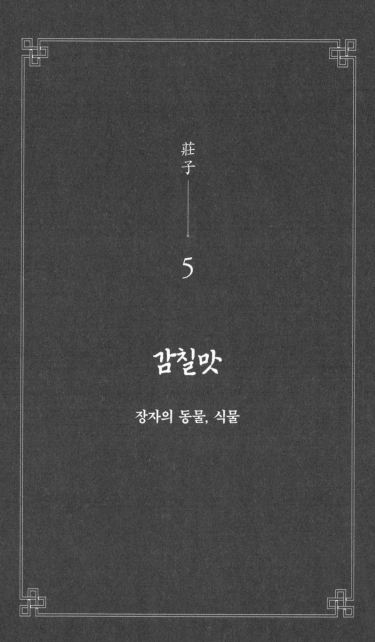

莊子

5

감칠맛

장자의 동물, 식물

1

위대한 변신술

곤과 붕 이야기

북쪽 바다에 물고기가 있어 그 이름을 곤(鯤)이라 합니다. 곤의 크기는 몇 천 리가 되는지 알 수 없습니다. 그것이 변하여 새가 되는데 그 새의 이름을 붕(鵬)이라 합니다. 붕의 등도 길이가 몇 천 리가 되는지 알 수 없지요.

붕이 날아오르면 그 날개는 하늘을 덮은 구름과 같았습니다. 붕은 태풍이 바다 위에 불어야 비로소 남쪽 바다로 옮겨 갈 수 있습니다. 남쪽 바다란 바로 천지(天池)를 말합니다.

기이한 일들이 적힌 『제해』라는 책에는 "붕이 남쪽 바다로 옮겨 갈 때에는 물을 쳐서 삼천 리나 튀게 하고, 빙빙 돌며 회오리 바람을 타고 구만 리나 올라가며, 6개월을 날고서야 쉬게 된다."라고 기록되어 있습니다.

—〈소요유〉1

『장자』에 처음 나오는 이야기다. 『장자』에 처음 나오는 것은 사람이 아니라 물고기와 새다. 물고기 이름은 곤(鯤). 사전을 뒤져 보니 물고기 알이라 나온다. 알에서 처음 나온 물고기이니 그 크기가 아주 작을 것이다. 피라미 정도 되려나. 그런데 장자는 이 물고기 길이가 몇 천 리가 넘는단다. 대한민국 남북의 길이가 삼천 리니까, 물고기 크기가 대한민국만 한 물고기이다. 참으로 크기가 우주적이다. 이 물고기를 황해에 풀어놓으면 어떻게 될까? 태평양에 풀어놓아도 몇 번의 꼬리 짓으로 대륙을 왔다 갔다 할 수 있을 것이다. 지구의 바다가 답답할 것이다. 별 수 없다. 더 넓은 곳을 찾아보자. 그래서 선택한 것이 새가 되는 것이다. 역시 등의 길이만도 대한민국보다 큰 붕(鵬)으로 변신한다.

이 큰 새는 어찌 부상하는가? 태풍이 불어야 한다. 태풍이 불면 그 회오리바람의 힘을 이용하여 구만 리를 올라간다. 구만리면 대기권 바깥이다. 인공위성이 도는 높이가 구만 리다. 지구도 좁았던가? 한 번 날면 6개월을 난다. 그곳에 남쪽 바다, 즉 하늘 연못[天池]이 있다.

장자의 스케일을 상상할 수 있다. 장자의 몸뚱이는 비록 송나라 몽 지방에서 비루한 삶을 살고 있는 작디작은 존재지만, 그의 상상력은 우주적이다.

무슨 이야기를 하고 싶은 걸까? 생각해 보면 인간의 마음은 닫혀 있을 때는 옆 사람 한 명도 끌어안지 못하지만, 열려 있을 때는 우주를 다 끌어안을 수 있다. 인간의 수명은 고작 100년 정도 되지만 인간의 상상력은 수천 억 년의 시간을 거슬러 올라갈 수 있다. 당장은 먹고사느라 하루도 감당하기 힘들지도 모르지만, 천 년을 더듬고 만 년을 준비할 수 있다. 존재의 스케일은 생각의 스케일이다.

참새나 비둘기처럼 좁은 영역에 머무르며 만족할 수도 있고, 기러기나 알바트로스처럼 지구를 돌고 돌며 살아갈 수도 있다. 존재가 생각을 가두기도 하지만, 생각이 존재를 가두기도 한다. 자기가 살고 있는 마을도 넓다고 생각하는 사람도 있지만, 지구도 좁다고 생각하여 우주로 날아가려는 사람도 있다. 어떤 존재가 행복한지 묻지 말자. 행복은 스케일의 문제가 아니니까. 그러나 이건 물을 수 있다. 어떤 존재로 살고 싶은지. 그러한 존재가 되기 위해서는 얼마만큼의 상상력을 발휘해야 하는지.

맹자는 동산에 올라 세상을 봤고, 태산에 올라가서 세상이 좁다고 말한 공자를 부러워했다. 장자는 얼마만큼 올라가 있는 것일까? 거기서 바라본 세상은 어떠했을까? 장자는 비록 누더기 옷을 걸치고 누렇게 뜬 얼굴로 살았지만, 상상의 위대한 변신술만큼은 지구상에서 최고였다.

2

타자의 경제학

조삼모사(朝三暮四)

정신과 마음을 통일하려 애쓰면서도, 모든 것이 같음을 알지 못하고 하나의 의견을 고집하는 것을 '아침에 셋[朝三]'이라고 말합니다. 무엇을 '아침에 셋'이라고 할까요?

옛날에 원숭이를 기르는 사람이 원숭이들에게 말했습니다.

"아침에는 도토리 세 개, 저녁에는 네 개(朝三暮四)를 주겠다."

그러자 원숭이들이 모두 화를 내었습니다. 그래서 주인은 다시 말했습니다.

"그러면 아침에 네 개, 저녁에 세 개를 주겠다."

그러자 원숭이들이 모두 기뻐했습니다.

명분이나 사실에 있어서는 달라진 것이 없는데도 원숭이들은 기뻐하고 성내는 다른 반응을 보였습니다. 이 또한 그대로 보아야 합니다. 그래서 성인은 모든 시비를 조화시켜 균형된 자연[天鈞]에 몸을 쉬는데, 이것을 일컬어 양행(兩行)이라 말합니다.

ー〈제물론〉 10

우리도 잘 알고 있는 고사성어 조삼모사(朝三暮四) 이야기다. 여기에 등장하는 동물은 원숭이다. 『장자』에는 원숭이가 여러 차례 등장하는데, 원숭이는 영리하고 날랜 존재로, 재주가 많지만 두려움이 많아 다양한 이야깃거리를 제공한다. 여기서는 주인에게 길들여져 재주를 부리는 동물로 등장한다. 상황은 이렇다. 주인은 원숭이에게 도토리를 제공하는데, 평소와는 다르게 아침에 3개, 저녁에는 4개를 주겠다고 한다. 원숭이들이 재주를 잘 부려 더 많이 주는 상황일 수도 있고, 사정이 어려워져 덜 주는 상황일 수도 있다. 어쨌든 원숭이에게 하루 7개의 도토리를 주겠다고 말하는 것이다.

그런데 이에 대한 원숭이의 반응이 갈린다. 아침에 3개, 저녁에 4개를 주겠다 했더니 화를 내다가 아침에 4개, 저녁에 3개를 주겠다고 했더니 기뻐한다. 3+4나, 4+3이나 합이 같으니 달라진 것이 없다. 그런데 원숭이들은 왜 화를 내다가 기뻐했을까? 주인은 원숭이가 아니니 알 수가 없다.

원숭이의 반응에 따라 주인이 할 수 있는 반응도 다를 수 있다. 처음의 '3-4 제안'을 고집할 수도 있고, 태도를 달리하여 '4-3 제안'으로 바꿀 수 있다. 만약에 '3-4 제안'을 고집했다면 원숭이도 화를 내고 주인도 기분 나쁜 안 좋은 상황이 벌어졌을 것이다. 이러한 상황이 바로 장자가 말하는 '아침에 셋'을 고집하는 것이다. 어찌 해야 할까? 고집을 버려야 한다.

그래서 주인은 태도를 바꾼다. 주인의 입장에서 보면 결과는 같지만 원숭이에게 다른 제안을 한다. 주인의 관점에서 옳고 그른 시비(是非)를 따지는 것이 아니라, 주인의 시비(是非)와 원숭이의 시비(是非)를 조화시키려는 노력을 하는 것이다. 그것을 장자는 균형된 자연[天鈞]에 몸을 쉰다고 말한다. 주인의 길(방법)만을 고집하는 것이 아니라 원숭이의 길(방법)도 인정하는 것이다. 주인과 원숭이는 운명공동체라 함께 가야 한다. 이를 '양행(兩行)'이라 한다.

삶은 제로섬 게임이 아니다. 승자독식(勝者獨食)의 길은 갈등을 초래할 뿐이다. 물질의 경제학(經濟學)이 되었든, 마음의 경로학(經路學)이 되었든, 타자를 인정하고 존재의 평등성을 실현할 조화로운 방법을 찾아야 한다. 그러한 방법을 찾아가는 길을 장자는 '만물을 평등하게 바라보는 논의', 즉 '제물론(齊物論)'이라 하였다.

자본주의는 인간의 욕망을 극대화하는 데에는 성공했지만, 타자와의 공생술에 있어서는 최악의 실패를 거듭해 왔다. 자본주의가 첨단화되면 될수록 계층 간의 갈등은 심화되고, 인간 소외는 격화되며, 자연 파괴는 재난 수준으로 참담하다. 그래도 이 방법을 계속 사용하겠다면, 이게 바로 장자가 말하는 '아침에 셋'이다.

3

쓸모없이 되려고 노력했다

장석과 사당 나무

　　장석이 제나라로 가다가 곡원에 이르러 사당에 심어진 참나
무를 보았습니다. 그 크기는 수천 마리의 소를 뒤덮을 만하였고,
그 둘레는 백 아름이나 되었으며, 그 높이는 산을 굽어볼 정도였
습니다. 열 길 높이에서야 비로소 굵은 가지가 뻗기 시작했는데,
배를 만들 만한 가지들도 십여 개나 되었습니다. 구경꾼들이 장
이 선 것처럼 모여 있었지요. 그런데도 장석은 거들떠보지도 않
고 그냥 지나쳐 걸어갔습니다. 그의 제자는 그 나무를 실컷 구경
하고 장석에게 달려가 물었습니다.

　　"제가 도끼를 들고 스승님을 따라 다닌 후로 이처럼 훌륭한 재
목은 본 적이 없습니다. 그런데 선생님께서는 거들떠보지도 않
고 지나가시니 어찌된 일입니까?"

장석이 말했습니다.

"그만해라. 쓸모없는 나무다. 배를 만들면 가라앉고, 관을 만들면 빨리 썩어 버리고, 그릇을 만들면 쉽게 깨져 버리고, 문짝을 만들면 나무 진이 흘러내리고, 기둥을 만들면 곧 좀이 슬고 말 것이다. 그것은 재목이 못될 나무이다. 쓸 만한 곳이 없어서 그토록 오래 살고 있는 것이다."

장석이 집에 돌아와 잠을 자는데 그 큰 나무가 꿈에 나타나 말했습니다.

"그대는 나를 무엇과 비교하는 것인가? 그대는 나를 좋은 재목에 견주려는 것인가? 돌배, 배, 귤, 유자 등 과일이 열리는 나무는 과일이 열리면 따게 되고, 따는 과정에서 욕을 당하게 된다. 큰 가지는 꺾어지고 작은 가지는 휘어진다. 이들은 자기 능력으로 말미암아 그의 삶을 괴롭히는 것들이다. 그러므로 타고난 목숨대로 끝까지 살지 못하고 중간에 일찍 죽어 버리는 것이다. 스스로 세상살이에서 희생되는 것이다. 어떤 물건이고 이와 같지 않은 것이 없었다. 나는 쓸모없는 나무가 되기를 오래전부터 바라 왔다. 여러 번 죽을 뻔하다가 이제야 뜻대로 되어 쓸모없게 되었다. 이것이 나의 쓸모다. 만약 내가 쓸모가 있었다면 어찌 이렇게 커질 수가 있었겠는가? 또한 그대와 나는 모두가 한낱 보잘것없는 존재이거늘 어찌하여 그대는 나를 판단할 수 있단 말인가? 그대도 죽어 가는 쓸모없는 인간인데 어찌 쓸모없는 나무를 안다는 말인가?"

—〈인간세〉 12

이번에 등장한 것은 동물이 아니라 식물이다. 쓸모없어 오래 산 나무 이야기 세 개가 연달아 나오는데, 그중에 첫 번째 나무 이야기다. 제나라 곡원의 사당 나무다. 크기가 수천 마리의 소를 뒤엎을 만하고, 둘레가 백 아름 정도고, 높이가 산을 굽어볼 정도면 적어도 천 년은 묵은 나무일지도 모른다. 그런데 어떻게 이 나무는 그토록 오래 살 수 있었을까?

사람에게 쓸모없었기 때문이다. 과실을 맺는 나무였다면 벌써 꺾여 버렸을 것이다. 곧게 자란 나무였다면 벌써 배나 집을 짓는 재목(材木)으로 잘려 나갔을 것이다. 재주가 많고 재능이 있는 존재의 운명이 그러하듯, 고달프고 지쳐 결국 소진되고 만다. 그것을 깨달은 이 나무는 쓸모없기를 간절히 바랐다. 그렇게 죽을 고비를 몇 차례 넘기고 이제야 간절히 바라는 쓸모없음에 도달한 것이다. 천수(天壽)를 누리는 천수(天樹)가 된 것이다.

목수 장석과 제자의 시선은 재목만을 바라본다. 재목으로 찍히면 꺾이고 잘린다. 목수는 간절히 바라는 것이겠으나, 그것이 나무가 진정으로 원하는 것일까? 제명대로 못 살고 비명횡사하는 나무는 자신이 제목 감임을 두고두고 후회할 것이다.

장모님은 기도 중에 우리 아이들에게 나라의 동량(棟梁)이 되라고 말씀하신다. 기둥과 대들보가 되려면 먼저 잘려야 한다. 갑자기 등골이 서늘해지고 모골이 송연해진다. 그래서 나는 기도한다. 동량 따위는 되지 말라고. 제 명대로 소박하고 행복하게 살라고. 재능을 발휘하기 위해 살을 파고 뼈를 깎는 일 따위는 할 필요 없다고. 피로는 간 때문이 아니다. 피로는 지나치게 쓸모 있게 보이려는 헛된 욕망 때문이다. 인간의 간을 살리려고 곰을 잡을 필요는 없다. (나는 지금 우루사 광고를 떠올리고 있다.) 한 해에 산업재해로 죽어 가는 노동자가 평균 잡아 2,400명이다. 사람을 죽이는 노동을 강요하는 사회는 결코 제정신이 아니다. 노동자의 목숨을 담보삼아 성장하는 기업은 악마의 맷돌일 뿐이다.

인간에게는 쓸모없어 보이는 사당 나무는 수천 마리의 소가 쉴 수 있는 그늘을 만들고, 수천 마리의 새가 깃들 수 있는 보금자리를 만들 수 있다. 그 웅장한 나무를 바라보면 자연의 위대함을 노래할 수도 있고, 그 주변을 뛰어노는 아이들의 놀이터가 될 수도 있다. 존재는 존재 자체만으로 자신을 증명한다. 다른 증명 따위는 필요 없다. 인간이 욕심을 부리지 않는다면, 쓸모를 기준으로 만물을 판단하지 않는다면, 세상은 이미 낙원일지도 모른다.

4

우물 안 개구리

하백과 북해약의 대화

가을 홍수로 모든 강물이 황하로 흘러들었습니다. 그 본줄기는 얼마나 큰지 양편 강기슭 모래톱에 소나 말을 분별할 수 없을 정도였습니다. 그래서 황하의 신 하백(河伯)은 기뻐하면서 천하의 모든 아름다움을 자신이 갖췄다고 생각했습니다. 황하는 동쪽으로 흘러가 북해에 도착했습니다. 그곳에 이르러 동쪽을 바라보았으나 물의 끝이 보이지 않았습니다. 황하의 신은 비로소 얼굴을 돌리어 북해의 신 북해약(北海若)을 우러러보고 탄식하며 말했습니다.

"속담에 백 가지 도리를 알고는 자기만 한 사람은 없다고 생각하는 자가 있다고 하였는데, 저를 두고 한 말인 것 같습니다. 또한 저는 일찍이 공자의 지식도 적다는 등, 백의의 절개도 가볍다는 둥 말을 들었지만 지금까지는 믿지 않고 있었습니다. 그런데 이제 와서 선생님의 끝을 알 수 없는 모습을 보고서야 그런 것 같이 느껴집니다. 제가 선생님의 문하로 들어오지 않았다면 위태로웠을 것입니다. 저는 오랫동안 위대한 도를 터득한 사람에게 비웃음을 받았을 것입니다."

북해약이 말했습니다.

"우물 안의 개구리에게는 바다에 대하여 말해 줄 수 없습니다. 우물이라는 공간에 갇혀 있기 때문입니다. 여름 벌레에게 얼음에 대하여 말해 줄 수 없습니다. 여름이라는 시간에 갇혀 있기 때문입니다. 마찬가지로 견문이 좁은 선비에게 도에 대하여 말해 줄 수 없습니다. 배운 것에 얽매여 있기 때문입니다. 지금 그대는 강가를 벗어나 큰 바다를 보고서야 당신의 보잘것없음을 알게 되었습니다. 이제야 그대에게 '큰 이치[大理]'에 대해서 말할 수 있을 것 같습니다.

천하의 물 중에 바다보다 더 큰 것은 없습니다. 모든 강물이 바다로 흘러들며, 잠시도 멈추지 않는데도 바다는 차고 넘치지 않습니다. 나 또한 잠시도 쉬지 않고 어디론가 흘러 나가지만 결코 마르지 않습니다. 봄이나 가을에도 변화가 없고, 장마가 지나 가뭄이 들어도 영향이 없습니다. 이 바다가 장강이나 황하의 흐름보다 얼마나 방대한 것인가는 수량으로 계측할 수 없습니다. 그러나 나는 이러한 것을 가지고 스스로 많다고 생각해 본

적이 없습니다.

　나는 내 모습을 하늘과 땅과 비교해 봅니다. 나는 하늘과 땅으로부터 형체를 물려받았고, 음과 양으로부터 기운을 물려받았습니다. 나는 하늘과 땅 사이에 있어서 작은 나무나 작은 돌이 마치 큰 산에 있는 것이나 같은 존재입니다. 이렇게 나의 존재를 작게 보고 있는데 어찌 스스로 크다고 생각할 리 있겠습니까? 사방의 바다가 하늘과 땅 사이에 존재하는 크기를 헤아려 보면, 소라 구멍이 큰 연못가에 나 있는 것과 비슷하지 않겠습니까? 거대한 중국도 세상에 차지하는 크기를 헤아려 보면 큰 창고 속에 있는 쌀알 한 톨 같지 않을까요?

　모든 것을 만물이라 말하지요. 사람은 만물 중 하나에 불과합니다. 사람들은 이 세상의 곡식들이 생산되는 곳과 배와 수레가 통하는 곳에 널리 살고 있는데, 누구든 그중 한 사람에 불과합니다. 이런 사람을 만물에 비교해 본다면 말의 몸에 있는 하나의 가는 털에 지나지 않습니다. 오제가 천자 자리를 서로 물려준 것이나, 삼왕에 이르러 서로 다툰 것이나, 어진 사람이 근심하는 것이나, 세상을 다스리는 사람이 수고를 하는 것이나 모두가 이와 같이 작은 일입니다. 백이는 왕위를 사양함으로써 명성을 얻었고, 공자는 육경을 논해 박식하다고 여겨지고 있습니다. 이들이 스스로 남보다 뛰어나다고 여기고 있다면, 당신이 조금 전까지 스스로 물 중에 가장 뛰어나다고 여기며 기뻐한 것과 비슷하지 않을까요?"

— 〈추수〉 1

이 글에 등장하는 것은 황하의 신 하백(河伯)과 북해의 신 약(若)이다. 가을 홍수 철이 되어 거대하게 불어난 자신의 모습을 감탄하며 뻐기던 하백은 북해에 도달해 자신이 얼마나 초래한 존재였는지 깨닫는다. 그런데 웬걸. 북해의 신 약은 자신은 마르지도 넘치지도 않는 거대한 물이지만 하늘과 땅에 비교해 보면 참으로 보잘것없는 존재라고 고백한다. 바다에 비하면 강물은 우물 안 개구리에 불과하지만, 우주에 비하면 바다 역시 참으로 작디작은 존재에 불과하다.

논의는 더 나아가 시간과 공간을 가로질러 우주적 상상력을 발휘한다. 인간 역시 만물의 하나에 불과하며, 아무리 뛰어난 인간이라도 일개 인간일 뿐이라는 것. 절의가 뛰어나다는 백이나 학식이 뛰어나다는 공자도 마찬가지. 이런 처지를 알지 못하고 자신을 위대하다고 생각하면 참으로 어리석다 할 수 있다. 중국 역시 크다지만 창고의 쌀알 한 톨에 불과하다는 장자의 비유를 접하면 장자의 상상력은 그 끝이 어디까지 이를지 참으로 궁금해진다.

이러한 장자의 시선을 계승한 현대 과학자가 있으니, 지구를

'창백한 푸른 점 하나'라 표현했던 『코스모스』의 저자 칼 세이건이다. 그는 이 책의 내용으로 내셔널 지오그래픽에서 13부작 다큐멘터리 프로그램을 제작하기도 했는데, 마지막 편이 앤 드리앤이 감독한 〈창백한 푸른 점(Unafraid of the Dark)〉이다. 여기서 내레이터로 나선 칼 세이건이 보이저 호에서 띄워 보낸 지구의 영상을 보면서 이렇게 이야기한다. 워낙 감동적이라 전문을 인용한다.

"이렇게 멀리 떨어져서 보면 지구는 특별해 보이지 않습니다. 하지만 우리 인류에게는 다릅니다. 저 점을 다시 생각해 보십시오. 저 점이 우리가 있는 이곳입니다. 저 곳이 우리의 집이자, 우리 자신입니다. 여러분이 사랑하는, 당신이 아는, 당신이 들어 본, 그리고 세상에 존재했던 모든 사람들이 바로 저 작은 점 위에서 일생을 살았습니다. 우리의 모든 기쁨과 고통이 저 점 위에서 존재했고, 인류의 역사 속에 존재한 자신만만했던 수천 개의 종교와 이데올로기, 경제 체제가, 수렵과 채집을 했던 모든 사람들, 모든 영웅과 비겁자들이, 문명을 일으킨 사람들과 그런 문명을 파괴한 사람들, 왕과 미천한 농부들이, 사랑에 빠진 젊은 남녀들, 엄마와 아빠들, 그리고 꿈 많던 아이들이, 발명가와 탐험가, 윤리 도덕을 가르친 선생님과 부패한 정치인들이, 슈퍼스타나 위대한 영도자로 불리던 사람들이, 성자나 죄인들이 모두 바로 태양빛에 걸려 있는 저 먼지 같은 작은 점 위에서 살았습니다.

　우주라는 광대한 스타디움에서 지구는 아주 작은 무대에 불과합니다. 인류 역사 속의 무수한 장군과 황제들이 저 작은 점의 극히 일부를, 그것도 아주 잠깐 동안 차지하는 영광과 승리를 누리기 위해 죽였던 사람들이 흘린 피의 강물을 한번 생각해 보십시오. 저 작은 픽셀의 한쪽 구석에서 온 사람들이 같은 픽셀의 다른 쪽에 있는, 겉모습이 거의 분간도 안 되는 사람들에게 저지른 셀 수 없는 만행을 생각해 보십시오. 얼마나 잦은 오해가 있었는지, 얼마나 서로를 죽이려고 했는지, 그리고 그런 그들의 증오가 얼마나 강했는지 생각해 보십시오. 위대한 척하는 우리의 몸짓, 스스로 중요한 존재라고 생각하는 우리의 믿음, 우리가 우주에서 특별한 위치를 차지하고 있다는 망상은 저 창백한 파란 불빛 하나만 봐도 그 근거를 잃습니다. 우리가 사는 지구는 우리를 둘러싼 거대한 우주의 암흑 속에 있는 외로운 하나의 점입니다. 그 광대한 우주 속에서 우리가 얼마나 보잘것없는 존재인지 안다면, 우리가 스스로를 파멸시킨다 해도 우리를 구원해 줄 도움이 외부에서 올 수 없다는 사실을 깨닫게 됩니다.

현재까지 알려진 바로는 지구는 생명을 간직할 수 있는 유일한 장소입니다. 적어도 가까운 미래에 우리 인류가 이주할 수 있는 행성은 없습니다. 잠깐 방문을 할 수 있는 행성은 있겠지만, 정착할 수 있는 곳은 아직 없습니다. 좋든 싫든 인류는 당분간 지구에서 버텨야 합니다. 천문학을 공부하면 겸손해지고, 인격이 형성된다고 합니다. 인류가 느끼는 자만이 얼마나 어리석은 것인지를 가장 잘 보여 주는 것이 바로 우리가 사는 세상을 멀리서 보여 주는 이 사진입니다. 제게 이 사진은 우리가 서로를 더 배려해야 하고, 우리가 아는 유일한 삶의 터전인 저 창백한 푸른 점을 아끼고 보존해야 한다는 책임감에 대한 강조입니다."

+

세이건의 목소리를 직접 들어 보자.
https://youtu.be/x-KnsdKWNpQ
이를 좀 더 설득력 있는 자료로 편집한 동영상도 있다.
https://youtu.be/yAx2eprm-gM

5

새를 기르는 법

종묘에 사는 새

옛날에 어떤 새가 노나라 교외에 와서 내려앉았습니다. 노나라 임금은 그 새를 맞이하여 종묘로 불러들여 잔치를 베풀고, 순임금의 음악인 구소를 연주하고, 쇠고기, 양고기, 돼지고기가 들어간 요리를 주었습니다. 새는 눈을 멍하니 뜨고 걱정하고 슬퍼하면서 한 조각의 고기도 먹지 못하고, 한 잔의 술도 마시지 못한 채 사흘 만에 죽고 말았습니다.

이것은 임금이 자기가 사는 법으로 새를 양육했지, 새가 사는 법으로 새를 양육하지 않은 것입니다. 새가 사는 방법으로 새를 기르려면 마땅히 그가 살던 곳에 살게 하고, 호숫가에 노닐게 하며, 강이나 호수에서 헤엄치게 하고, 미꾸라지나 송사리를 잡아먹게 하며, 같은 새들과 줄지어 날아가 내려앉고 멋대로 유유히 지내게 해야 합니다. 새들은 사람의 말조차 듣기 싫어하는데, 어찌 시끄러운 음악을 견딜 수 있겠습니까? 임금이 좋아하는 함지나 구소의 음악을 동정의 들판에서 연주한다면, 새들은 그 소리를 듣고 날아가 버리고, 짐승들은 그 소리를 듣고 달아나 버리고, 물고기들은 그 소리를 듣고 깊숙이 물속으로 들어가 버릴 것입니다. 사람들만이 그것을 들으면 흥이 나서 서로 모여들어 둘러싸고 구경을 하겠지요.

물고기는 물속에서 살지만 사람은 물속에 들어가면 죽어 버리겠지요. 물고기와 사람은 다르니까요. 그들이 좋아하고 싫어하는 것도 서로 다르겠지요. 좋아하고 싫어하는 것이 서로 다르기 때문에 옛날 성인들은 똑같은 것을 요구하지 않았고, 같은 일을 맡기지도 않았습니다.

— 〈지락〉 6

자신이 좋아하는 것을 남도 좋아할 거라고 생각한다. 자신이 원하는 것을 남도 원할 것이라고 생각한다. 자신이 원하는 것을 남들에게 해 주고, 자신이 원하지 않는 것은 남들에게 시키지 말라는 '기소불욕 물시어인(己所不欲 勿施於人)'의 입장은 『논어』〈위령공〉 편에 나오는 공자의 말이다. 이러한 입장은 '나=남'이라는 '동일자(同一者)'의 시선에서, 자신을 중심으로 세상을 바라보는 것이다.

노나라 임금이 신기한 새를 맞이하여 자신의 좋아하는 장소에서, 자신이 좋아하는 음악을 듣게 하고, 맛있는 음식을 먹이려는 것은 선의에 의한 것일 테다. 상대방에게 최고의 것을 대접하려 했다는 점에서 노나라 임금은 최선을 다한 것이다. 그러나 새는 음악도 싫고 음식도 싫어서 슬피 울다 사흘 만에 죽고 말았다. 최선의 대접이 최악의 결과를 맞은 것이다.

장자는 말한다. "자기가 사는 법으로 상대방을 대접하지 말라." 임금이 사는 법과 새가 사는 법은 다르다. 이 다름을 알지 못하면 선의는 결과적으로 악의가 될 수 있다. 장자는 나와 남이 같다는 동일자적 세계관의 폭력성을 고발하고, 나와 남은 다르다는 타자의 윤리학을 정초한다.

사랑의 폭력은 대부분 타자의 윤리학이 배제된 곳에서 배태된다. 학부모와 자식, 선생과 학생, 연인들 사이의 폭력은 '사랑의 이름으로' 버젓이 행사된다. 다 너 잘되라고 하는 일이다, 너도 좋으면서 괜히 그런다, 사랑해서 그런 거 몰라 등의 언어는 사랑과 배려의 언어가 아니라, 사랑을 가장한 폭력의 언어이다. 약자들은 그러한 폭력을 거부하지도 못하고, 영혼이 망가져 간다. 나중에 최악의 결과를 맞이하고 나서 후회해도 소용없다.

나는 너와 다르다. 자식은 부모와 다르다. 생각이 다르고, 가치관이 다르고, 소중하게 생각하는 것도 다를 수 있다. 내 테두리에 가둬 놓고, 내가 원하는 대로 대접하지 말자. 상대방에게 물어보고 상대방이 원하는 것이 알려 하자. 상대방이 원하지 않는 것은 하지 않으려고 노력하자. 그러면 최소한 최악의 사태는 막을 수 있다.

6

그냥 돼지 할래

제관과 돼지 이야기

제사를 관장하는 관리가 예복을 차려입고 돼지우리로 가서는 돼지에게 말했습니다.

"너는 어찌하여 죽음을 싫어하느냐? 내가 석 달 동안 너를 잘 기를 것이다. 그 후에 나는 열흘 동안 몸과 마음을 깨끗이 닦고, 사흘 동안 금기를 지키며, 흰 띠풀(삘기)을 깔고 아름답게 장식한 쟁반 위에 너의 어깨와 엉덩이 살을 요리하여 올려놓을 것이다. 그러면 너도 좋지 않겠느냐?"

돼지가 말을 할 수 있다면 이렇게 말을 하였을 것입니다.

"저는 겨나 술지게미를 먹으면서 살더라도 그냥 돼지우리 속에서 살고 싶습니다."

그런데도 사람들은 살아서는 가마를 타고 높은 벼슬자리에 있다가, 죽어서는 상여 위 아름다운 관 속에 들어가는 것을 선택합니다. 돼지의 입장에서 생각할 때는 편안한 삶을 부정하면서도 사람의 입장에서 생각할 때는 편안한 삶을 취하고 있으니, 대체 왜 그런 것입니까?

—〈달생〉 6

잘 살고 잘 죽는 것은 무엇일까? 한 번을 살아도 폼 나게 사는 것이 잘 사는 것일까? 한 번을 죽어도 성대하게 죽는 것이 잘 죽는 것일까? 인간은 삶 그 자체를 누리는 것이 아니라, 삶을 장식하는 많은 것에 현혹되어 살고 있다. 미래의 소망을 바라며 현재의 삶을 포기하고, 더 나은 삶을 바라며 현재의 고통을 감내한다. 어차피 유한한 생명이기에 죽는 것이 삶이거늘, 현재의 삶을 유보한 채 살아가는 것이 최선일까?

오늘을 살아가지 못하는 사람에게 내일이 올까? 하루하루 즐기지 못하는 사람에게 즐거움이란 무엇일까? 지금의 행복을 유보한 채, 나중에 맞이하려는 행복은 어떤 것일까? 누구나 잘 살기를 바라지만, 정작 잘 사는 방법은 잘 모르고 살아간다.

가지지 못한 것을 간절히 바라면서, 정작 가지고 있는 것의 소중함을 모르는 것 아닐까? 삶의 충만함이란 현재를 살아가는 것이다. 석 달 후에 죽음의 희생 제물이 될 것을 알기에 돼지는 삶의 지속을 선택한다. 하지만 인간은 편안한 미래를 기대하며 기꺼이 희생 제물이 되려 한다. 인간의 욕망이란 대체 무엇일까?

인간은 채워지지 않는 욕망을 채우기 위해 기꺼이 노예의 삶을 선택한다. 한 번밖에 주어지지 않은 삶의 대부분을 남의 욕망을 충족시키면서, 남의 말에 복종하면서, 남의 유혹에 현혹되어 낭비하고 있다. 생애 대부분을 그렇게 보내고 난 뒤 삶의 끄트머리에서 후회해 봐야 소용없다.

소크라테스가 "배부른 돼지보다는 배고픈 인간이 되겠다"라고 말했을 때, 그는 '음미하는 삶'을 염두에 두고 말한 것이다. 권력이나 명예나 부의 축적에 정신을 쏟는 탐욕적 인간이 아니라, 가난한 삶 속에서도 지혜를 사랑하는 철학적 인간이 되고자 했다. 적어도 돼지보다는 나은 삶을 생각한 것이다. 적어도 돼지보다 못한 삶을 선택하지는 말자.

7

재주 많은 원숭이의 죽음

오만과 교만

오나라 임금이 강에서 뱃놀이를 하다가 원숭이들이 많이 사는 산으로 올라갔습니다. 원숭이들이 그를 보자 깜짝 놀라서 모든 것을 버리고 숲속으로 달아났습니다. 그런데 한 원숭이만이 도망치지 않고 느긋하게 이리저리 나뭇가지를 뛰어다니며 임금을 놀리듯 잔재주를 부렸습니다. 임금이 활로 쏘니 그 원숭이는 재빨리 날아오는 화살을 잡아 버렸습니다. 임금은 따라온 신하들에게 계속하여 활을 쏘도록 명령했습니다. 마침내 원숭이는 화살에 맞아 죽고 말았지요.

임금이 동행한 친구 안불의를 돌아보며 말했습니다.

"저 원숭이는 재주를 자랑하고, 자신의 날램을 믿고, 내게 오만하게 굴다가 저렇게 죽음을 당하는 지경에 이르렀네, 이것을

경계해야 할 것이야. 자네도 잘난 얼굴을 하고서 남에게 교만하
게 굴지 말게."

안불의는 돌아와서 동오를 스승으로 모시고 잘난 체하는 그
의 얼굴빛을 고쳤습니다. 그리고 쾌락도 멀리하고, 높은 벼슬도
사양하고 물러났습니다. 그렇게 삼 년이 지나자 나라 안의 사람
들이 그를 칭송하게 되었습니다.

— 〈서무귀〉 9

권력 가까이에 있으면서 자신이 마치 권력자나 된 듯 행동
하는 사람을 왕왕 보게 된다. '왕년에', '나 때는 말이야'로 대화
를 시작하는 사람들이 그럴 확률이 높다. 권력 비리가 생겨나
는 데에는 측근이나 친인척이 연루되는 경우가 많다. 최순실을
들먹이지 않더라도 이런 치들은 결국 패가망신하는 결과를 낳
는다.

임금의 친구인 안불의는 그나마 다행인 셈. 이미 오임금은
친구 안불의의 비리에 대한 첩보를 얻은 듯하다. 사냥한 원숭
이를 예로 들어 친구에게 쓴소리를 해 주었으니. 안불의는 그
나마 눈치가 빨랐다. 권력 가까이에 있으면서 누렸던 지위나
즐거움을 모두 버리고, 오만불손한 태도도 고쳐먹게 되었으니,
개과천선(改過遷善)한 케이스다. 비난을 받다가 칭송을 듣게 되
었으니 말년은 편안했겠다.

물러나야 할 때를 아는 것은 얼마나 큰 지혜인가. 한번 일이 수틀리면 그동안 쌓아 왔던 공적도 일순간 물거품이 되기 십상이다. 권력에 오르는 것도 쉬운 일은 아니지만 권력에서 내려오는 일은 더욱 힘들다. 능력과 재주가 많을수록 더더욱 어려울 것이다. 그러나 임금에게 받은 총애는 순식간에 이동한다. 장자가 권력을 멀리한 이유도 바로 거기에 있다. 뭐, 이런 교훈이 되겠다.

이렇게 써 놓고도 뭔가 찜찜하다. 이유는 재주 많은 원숭이 때문. 다른 원숭이들은 모두 두려워 도망쳤는데, 왜 그 원숭이만 유독 도망치지 않고 임금 앞에서 잔재주를 부렸을까? 과시욕일까? 과시욕이라면 위험천만한 일이다. 날아오는 화살 하나를 잡을 정도의 능력이면 보통내기는 아니다. 그렇다면 자신감이었을까? 자신감도 분수가 있다. 화살 하나를 잡을 수는 있어도 쏟아지는 화살들을 모두 피할 수는 없는 법. 비참한 죽음이다. 나는 개과천선한 안불의보다 개죽음을 당한 원숭이에게 자꾸 마음이 간다. 그리고 그런 원숭이 하나쯤 살려 두지 않는 오나라 임금이 원망스럽다. 꼭 죽여야만 했니?

8

길들여진다는 것

명마의 비애

말은 발굽으로 서리와 눈을 밟고, 털로는 바람과 추위를 막을 수 있습니다. 말은 마음껏 풀을 뜯고 물을 마시며 발을 높이 들고 내달립니다. 이것이 말의 본성입니다. 비록 높은 누대와 궁궐이 있다 해도 말에게는 아무 소용이 없습니다.

그런데 말을 잘 다룬다는 백락이, 낙인을 찍고, 털을 깎고, 발굽을 다듬고, 굴레를 씌우고, 고삐와 띠를 맨 다음 마구간에 줄줄이 매어 놓았습니다. 이렇게 해서 열에 두세 마리는 죽게 만들었습니다. 그는 말을 길들인다며 굶주리게 하고, 목마르게 하고, 높이 뛰게도 하고, 갑자기 달리게도 하였습니다. 게다가 여러 장식들로 말들을 꾸몄습니다. 입엔 거추장스러운 재갈을 물리고, 머리장식을 올렸으며, 가슴받이를 달게 하였으며 거부할 때는 채찍질을 하였습니다. 그러자 남은 말의 절반이 죽었습니다.

옹기장이는 찰흙을 잘 다룬다고 하면서 둥근 것은 그림쇠에 맞추고, 모난 것은 곱자에다 맞춥니다. 목수는 나무를 잘 다룬다면서 굽은 것은 곡자에다 맞추고 곧은 것은 먹줄에 맞춰 잘랐습니다. 하지만 찰흙과 나무의 성질이 어찌 그림쇠나 곱자와 곡자와 먹줄에 들어맞을 수 있겠습니까? 그런데도 백락은 말을 잘 다스리고, 옹기장이와 목수는 찰흙과 나무를 잘 다룬다고 칭찬이 자자했습니다. 이것이야말로 세상을 잘못 다루는 것입니다.

—〈마제〉1

이른바 명마(名馬) 한 마리가 만들어지기 위해 얼마나 많은 말들이 죽어야 하는가? 1등급 학생을 만들기 위해 나머지 8등급은 루저가 되어야 하는가? 명마를 만든다는 백락과 우등생을 만든다는 교사는 얼마나 다른가?

말들은 길들여지기 위해 태어났는가? 아이들은 우등생이 되기 위해 태어났는가? 보기 좋게 꾸며지고 빨리 달리는 것이 진정 말이 원하는 것이었을까? 학교에서 학원으로, 다시 학교로 진자운동을 하며 젊음을 불태우는 삶은 진정 학생들이 원하는 것이었을까?

길들여진다는 것, 그것은 어쩌면 본성에 반하는 일, 본성을 잃는 일이지도 모른다. 교복을 입히고, 딱딱한 의자에 장시간

앉히고, 보기도 싫은 시험을 보게 하고, 성적으로 평가하고, 자존감을 잃게 하고, 발랄함을 없애는 것. 그렇게 자란 아이들은 커서 무엇이 될까. 입시에 울고 웃는 삶을 살도록 하는 게 어른이 되는 문명이라면 참으로 우리는 후진 문명에 살고 있다.

깔끔하게 다듬어진 몸매와 세련되게 만들어진 매너와 풍부한 학식과 교양은 정말 사람에게 필요한 것일까? 나에게 자문해 본다. 인문학이라는 것 역시 반성의 대상이다. 사람의 삶을 더욱 행복하게 만들지는 못하고, 이 또한 공들여 쌓아올려 자신을 장식하게 만드는 구조물이라면 허물어 버리는 것이 낫지 않을까? 자꾸 자괴감이 든다.

최소한의 인위로 최대한 자연스럽게 사는 삶은 어떠한 삶일까? 생명을 착취하지 않고 삶을 보살피는 배움은 어떻게 가능할까? 과학은 이제 미세한 세포와 광활한 우주의 비밀마저 캐고 있는데, 우리는 인생의 비의(秘意)를 얼마나 알고 있는 것일까? 자꾸 질문이 많아지는 날이다. 글쓰기 힘든 날이다.

9

선악을 넘어

물 밖의 물고기

죽고 사는 것은 운명입니다. 밤과 낮이 일정한 것은 하늘의 일입니다. 사람들이 어찌할 수 없는 것, 모두가 만물의 모습입니다. 사람들은 하늘을 어버이처럼 여기면서 자신보다 더 사랑합니다. 하늘보다 높은 운명이야 어찌해야겠습니까? 사람들은 임금은 자기보다 낫다고 여기면서 그를 위해 목숨을 바칩니다. 하물며 임금보다 나은 운명이야 어찌해야겠습니까?

샘이 말라 땅 위에 드러난 물고기들은 서로에게 물기를 뿜어 주고 서로를 물거품으로 적셔 줍니다. 하지만 강이나 호수 속에서 서로를 잊고 사는 것만 못합니다. 사람들은 요임금을 칭송하고 걸임금을 비난하지만, 차라리 두 임금을 모두 잊고 운명의 길을 가는 것이 낫습니다.

대지는 우리에게 형체를 부여하고 삶을 주어 우리를 수고롭
게 합니다. 늙음을 주어 편안하게 하고, 죽음을 주어 쉬게 합니
다. 내 삶이 좋다면, 내 죽음도 좋은 것입니다.

—〈대종사〉 5

호수 바깥으로 튀어나온 물고기에게 물을 뿌려 주는 것은
물고기의 생명을 연장시키는 것이니 선한 일이겠다. 그 물고기
를 잡아 매운탕을 끓여 먹는다면 물고기에게는 악한 일일 것
이다. 그렇다면 물고기는 선함을 원할까, 악함을 원할까? 선도
악도 아닌 본래의 물속으로 들어가길 원하지 않을까?

자연스런 삶에서는 선도 악도 소용없다. 선이나 악이 드러
나는 것은 자연스럽지 않은 상태이기 때문이다. 길을 잃었을
때 길을 알려 주는 것은 선한 일이다. 그러나 길을 잃지 않았다
면 선한 일은 소용없다. 길을 잃었을 때 잘못된 길을 알려 주면
악한 일이다. 그러나 길을 잃지 않았다면 그 악 또한 소용없다.

이 땅에 살면서 선과 악을 구분하고 선업을 권장하고 악업
을 금지하는 것은 이 땅의 삶이 팍팍하기 때문이다. 마치 갑자
기 샘물이 말라 버려 물 밖에 나온 물고기처럼. 하지만 물속에
있는 물고기라면 서로를 잊고 자연스럽게 살아갈 것이다. 선업
도 악업도 소용없다.

인간으로 태어나 성장하고, 수고롭게 지내다가 죽음을 맞이

하는 것은 자연스런 일이다. 우리는 죽음을 불행한 사태로 여기지만, 모든 존재가 삶과 죽음에서 벗어나지 못한다면 자연스러운 운명으로 받아들이는 것이 나을 것이다. 우리는 늙음과 죽음을 부정적인 시선으로 바라보지만, 장자는 "늙음을 주어 편안하게 하고, 죽음을 주어 쉬게 한다"며 긍정하고 있다. 자연스러운 삶은 우주만물의 공통법칙이다. 그것을 운명이라 한다. 낮밤이 바뀌듯, 사시사철이 변하듯, 태어나 성장하고 늙고 죽는 것은 운명이다. 사는 것이 좋다면 죽는 것도 좋은 것이라고 장자는 말한다.

그런데 우리는 왜 사는 것도 죽은 것도 이리 팍팍할까? 자연의 길에서 많이 벗어났기 때문이다. 선악의 길로 들어섰기 때문이다. 선은 부족하고, 악이 넘쳐난다. 아수라의 길이다. 선인도 필요 없고 악인도 필요 없는 사회가 좋은 사회다. 복지도 필요 없고 착취도 필요 없는 자치와 자유의 세상이 자연스러운 세상일 것이다. 장자는 그러한 상태를 '서로 잊음[兩忘, 相忘]'이라 표현했다. 우리는 언제쯤 선악을 넘어 서로를 잊고 살 수 있을까?

10

미녀는 괴로워

아름다움의 기준

설결이 스승 왕예에게 물었습니다.

"선생님께서는 모두 다 옳다고 할 만한 것을 알고 계십니까?"

"내가 그것을 어찌 알겠느냐?"

"그렇다면 선생님께서는 아는 게 없다는 말씀이십니까?"

"내가 그것을 어찌 알겠느냐?"

"그렇다면 뭔가는 알고 계신다는 말씀이십니까?"

"내가 그것을 어찌 알겠느냐? 그래도 내 한번 말해 보마. 내가 안다고 한 것이 모르는 것이 아님을 어찌 알겠느냐? 내가 모른다고 한 것이 아는 것이 아님을 어찌 알겠느냐? 내가 너에게 물어보마.

사람이 습지에서 자면 허리에 병이 나고 죽게 되는데 미꾸라지도 그렇더냐? 사람은 나무 위에 있으면 두려워 벌벌 떠는데 원숭이도 그렇더냐? 그렇다면 사람, 미꾸라지, 원숭이 중에서 누가 거처에 대해 제대로 알고 있는 것이냐?

사람들은 소, 양, 개, 돼지를 잡아먹고, 고라니와 사슴은 부드러운 풀을 먹고, 지네는 뱀을 잘 먹고, 솔개와 까마귀는 쥐를 즐겨 먹는다. 이들 중에서 누가 맛을 제대로 알고 있는 것이냐? 원숭이는 원숭이를 짝으로 여기고, 사슴은 사슴끼리 사귀며, 미꾸라지는 물고기와 논다. 사람들은 모장과 여희를 미인이라 여기지만 물고기는 그들을 보면 물속 깊이 들어가고, 새는 하늘 높이 날아가고, 고라니와 사슴은 숲속으로 뛰어 달아난다. 이들 중에서 누가 아름다움을 제대로 알고 있는 것이냐? 내가 보기에는 사랑과 정의의 기준이나 옳고 그름의 길이 복잡하게 얽혀 있구나. 내가 그것을 어찌 알겠느냐?”

— 〈제물론〉 18

일찍이 공자는 “아는 것을 안다 하고, 모르는 것을 모른다고 하라”고 제자 자로에게 충언한 바 있다. 소크라테스는 “나는 내가 모른다는 것을 안다”고 고백한 바 있다. 본문에서 왕예는 제자에게 “내가 그것을 어찌 알겠느냐?”는 말을 네 차례나 던진다.

모른다는 말인가? 안다는 말인가? 왕예의 설명을 들어 보면 더욱 복잡해진다. 모른다고 말하는 것이 과연 모르는 것일까? 안다고 말하는 것이 과연 안다는 것일까? 알지만 모를 수 있나? 모르지만 알 수 있나?

왕예의 입장은 우리가 당연하다고 여기는 것을 해체하고, 사태가 그리 단순하지 않음을, 제대로 아는 것이 쉬운 일이 아님을 이야기한다. 이러한 태도는 좁은 틀에 갇혀 편견에 사로잡힌 사람들의 단순함을 부수고, 다양한 비교를 통해 이해의 지평을 넓힌다는 점에서는 유력한 힘을 발휘하지만, 뭔가 결단하고 결정하는 데에는 어려움을 겪을 수도 있다. 잘못된 결정으로 많은 피해를 보지 않는 것보다는 일단 유보의 자세가 신중하다 말할 수 있지만, 자칫 우유부단으로 비난을 당할 수도 있다. 제자인 설결에 입장에서 보자면 왕예의 입장이 답답할 것이다.

왕예의 입장은 데리다의 해체주의를 연상시키기도 한다. 기표와 기의의 불일치, 의미의 무한 연기, 진리의 텍스트를 해체함으로 사랑의 윤리학의 정초했던 데리다처럼, 왕예의 입장은 인의(仁義)와 시비(是非)로 경직화된 당대 사회의 윤리학에 경고장을 발부한 것일 수도 있다.

인(仁)을 위해서라면 죽음을 불사하는 살신성인(殺身成仁)의 윤리학이 얼마나 많은 민중을 죽음으로 몰고 갔던가? 시비(是非)를 따지지도 못하고 벙어리 냉가슴만 앓았던 민중은 그 얼마나 많았던가? 왕예는 판결을 하는 재판장의 입장이 아니라 무지렁이와 같은 삶을 살아가는 민중의 닫힌 입을 대변하는 변호사의 입장이 아니었을까? 사람의 목숨은 천금과도 같은 것이니, 쉽게 판단하지 말자고, 조그만 더 깊이 생각해 보자고, 삶이 그렇게 녹록하지마는 않다고 이야기하는 것은 아닐까?

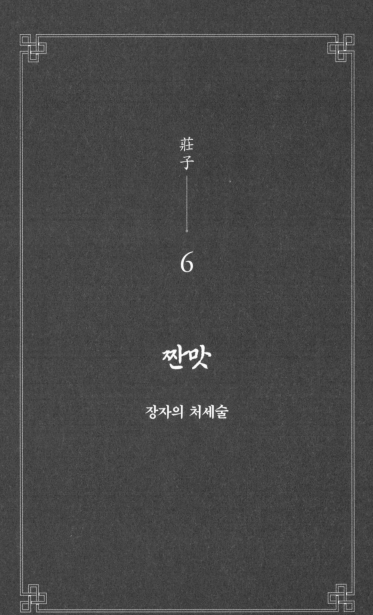

莊子

6

짠맛

장자의 처세술

1

쓸모있음의 쓸모없음

송나라 모자 장수

송나라 사람이 예식 때 쓰는 모자를 팔러 월나라에 갔습니다.
그러나 월나라 사람들은 머리를 짧게 깎고 문신을 하고 살아 모
자가 필요 없었습니다. 요임금이 세상을 잘 다스려 나라가 평화
롭게 되자 막고야산에 사는 네 분의 스승을 뵈러 갔습니다. 그곳
은 분 강가 양지에 있었는데 그윽하고 평화로웠습니다. 요임금
이 그곳에 있는 동안 자기에게 나라가 있다는 사실조차 까맣게
잊고 말았습니다.

— 〈소요유〉 9

코미디언 김병만이 나오는 〈정글의 법칙〉이라는 프로그램
이 있었다. 지구촌 사람이 살고 있지 않은 오지를 찾아다니며

생존하는 프로그램이었다. 그 프로그램에는 유명한 연예인들이 많이 등장했는데, 운동선수, 가수, 배우, 코미디언 등 다양한 직종의 사람들이었다. 그들 중 잘 생기고 노래도 잘 부르고 춤도 잘 추고 똑똑하고 돈도 많은 사람이 있었지만, 정글에서 살아가는 데에는 별무소용이었다. 컴퓨터나 휴대 전화는 전기가 없어 소용없었고, 돈이나 크레디트 카드는 가게가 없어서 쓸 수 없었다. 그곳에서 생존하는 조건이 일체의 문명의 도구를 사용하지 않는 것이었으니, 텐트나 버너, 라이터도 가져갈 수 없었다. 그들이 문명인임을 알 수 있는 것은 오직 옷뿐이었다.

한국에서라면 그들 사이에 끼어서 빛도 못 보았을 김병만은 놀라운 생존력과 생존기술로 그들을 리드했다. 문명사회에서 쓸모 넘쳤던 사람들은 별 쓸모가 없었고, 문명사회에서 별로 대접받지 못했던 김병만은 추장으로 등극하며 그들의 실질적 리더 역할을 했다. 쓸모있는 문명기기와 재주는 쓸모없어지고, 문명사회에서는 별로 쓸모없었던 기술들이 빛을 발하기 시작했다. 그야말로 역할의 역전이 벌어지는 경우이다.

나는 때로 석유가 없어진다면, 전기가 없어진다면 무슨 일이 벌어질까 상상하기도 한다. 그동안 내가 몰았던 차는 거추장스러운 고물 취급을 받을 것이고, 전기를 이용하며 살았던 우리의 삶은 참으로 무력해질 것이다. 코로나바이러스 한 종으로 전 세계가 무력해지는 사태를 우리는 1년 넘게 경험하고 있다. 상황과 변수 하나만 바뀌어도 쓸모있음은 쓸모없음으로 변하고 만다. 우리가 쌓아 온 기계문명은 과연 안전할까?

역사를 보면 높은 가치를 지녔던 것들이 아무짝에도 쓸모없어지는 경우가 왕왕 있다. 조선 시대 양반들의 상투는 사극에서나 유용할 뿐이다. 사모관대(紗帽冠帶)도 이제는 일상적 쓸모가 사라져 관광용품으로 사용될 뿐이다. 신분 제도도 이제는 사라지고 있다. 수천 년을 혈통적 임금 제도로 살았지만 지금은 선거로 나라의 대표를 뽑고 있다. 상상력을 조금 더 발휘해 보면 우리가 지금 애지중지하던 것도 시간이 흐르거나 공간이 달라지면 아무짝에도 쓸모없을지도 모른다. 인구가 급격히 줄어들면 그 많던 아파트들은 어떻게 될까? 학교는? 학원은? 입시 제도는? 혼자 사는 사람들이 늘어난다면 가족은 어떻게 될까? 결혼은? 아이들은?

우리는 우리가 살아가는 시간과 공간이 지속되리라 생각하지만, 마치 바닷가 모래에다 써 놓은 글씨처럼 파도가 밀려오면 순식간에 사라져 버리는 것은 아닐까? 그렇게 사라지면 우리의 삶은 어떻게 될까? 아득하고 막막하다. 마치 모자를 팔러 월나라로 갔던 송나라 사람처럼, 막고야산에 찾아간 요임금처럼 넋을 놓지 않을까?

2

학의 자리 길다고 자르지 마라

본래의 모습을 잃지 말자

진정 올바른 것은 타고난 본래의 모습을 잃지 않는 것입니다. 그래서 발에 붙은 군살을 군더더기라 여기지 않고, 손가락이 더 있어도 덧붙였다 생각하지 않습니다. 길다고 남았다 하지 않고 짧아도 모자라다 생각하지 않습니다. 오리의 다리가 짧다고 늘이면 괴로울 것이고, 학의 다리가 길다고 자르면 슬퍼할 것입니다. 길게 타고난 것을 자를 것도 없고, 짧게 타고났다고 늘릴 필요 없습니다. 아무 걱정할 게 없습니다.

그런데 인(仁)이니 의(義)니 하는 것은 사람의 본래 모습이 아닌 듯합니다. 그렇지 않고서야 어진 사람[仁人]이 어찌 저리 걱정이 많겠습니까? 붙어 있는 발가락을 찢으려 하면 울 것입니다. 육손이의 손가락을 잘라 주려 하면 소리치며 울 것입니다. 변무

(騈拇)의 발가락은 모자라고 육손이의 손가락은 남는다고 생각하여 사람들은 걱정합니다. 하지만 이것은 걱정할 바가 아닙니다.

오히려 어질다는 사람들은 멀쩡한 눈으로 이 세상을 걱정하고, 어질지 않은 사람은 본래의 모습을 버리고 부귀를 탐합니다. 이게 걱정할 바입니다. 인의(仁義)는 사람의 타고난 모습이 아닌 것 같습니다.

인의는 사람의 진실한 모습이 아닙니다. 어진 사람이란 얼마나 많은 걱정을 지니고 있겠습니까? 또한 엄지발가락과 둘째 발가락이 붙어 있는 사람은 그것을 갈라 주면 아파 울 것입니다. 손가락이 하나 더 달린 육손이의 덧달린 손가락을 잘라 주면 또한 아파 울 것입니다. 이 두 사람 중 한 사람은 숫자상 남음이 있고, 한쪽은 부족함이 있습니다. 그러나 그 사람들의 걱정은 한가지입니다. 지금 세상의 어진 사람들은 눈을 멀쩡히 뜨고서 세상의 환란을 걱정합니다. 어질지 않은 사람들은 타고난 본성의 진실한 모습을 버리고 부귀를 탐내고 있습니다. 그러니 인의는 사람의 타고난 모습이 아닌 것입니다. 그렇지 않다면 하, 은, 주 삼대 이후로 세상이 왜 이리 시끄러운가요.

— 〈변무〉 2

변무(騈拇)는 엄지발가락과 두 번째 발가락이 붙어 네 발가

락이 된 것을 말하고, 육손이는 손가락 하나가 더 나와 여섯 손
가락이 된 것을 말한다. 그러나 이것은 본래 그렇게 태어난 것
이니 걱정할 바가 아니다. 다섯 개의 발가락과 손가락을 가지
고 있는 사람들은 이 모습을 이상하다 생각하여 갈라 주고 잘
라 주고 싶어 하지만 억지로 그렇게 하면 고통만을 낳을 뿐이
다. (요즘은 성형 수술이 발달해서 덜할 것이다.) 그대로 둔다고 해도 사
는 데 큰 지장은 없다.

그런데 이와 달리 인(仁)이나 의(義)는 사회가 형성되면서 새
로 생긴 윤리적 덕목이다. 맹자는 이를 인간의 본래적 기질로
보았지만, 장자는 권력자들이 통치를 하기 위해 덧붙인 인위적
덕목이라고 생각했다. 이것이야말로 본성에 덧붙여진 것이다.
그러니 장자가 보기에는 진실한 것이 아니었다.

맹자는 이 덕목을 극대화하여 통치 원리로 삼으려 했고, 장
자는 이 덕목의 최소화하는 생활윤리를 말하고자 했다. 장자가
보기에는 사랑[仁]을 강조하는 사람은 반대편 사람들을 비난하
고, 정의[義]를 주장하는 사람들은 부정의한 짓을 해 왔다. 비근
한 예로 우리의 현대사 속에 전두환 군사정권이 외쳤던 것이
'정의사회 구현'이었지만, 그들이 구현한 것은 민주주의의 후
퇴와 인권의 탄압이었다. 윤리적 덕목을 전면에 내세우는 정권
치고 제대로 된 정권은 없었다. 그것은 자연스런 삶을 실현하
는 것이 아니라 반대편을 탄압하는 도구로 사용되었을 뿐이다.

그래서 장자는 말한다. 오리의 다리 짧다고 늘리지 않고, 학의 다리 길다고 자르지 말라. 발가락이 모자란다고 놀리지 말고, 손가락이 남는다고 손가락질 하지 말라. 본래 그렇게 태어난 것은 그들의 잘못이 아니다. 하지만 사랑이나 정의를 외치면서 민중을 억압하고 세상을 어지럽히는 것이야말로 본래적인 것이 아니다. 그것은 자연스런 민중의 삶에 억지로 붙여 놓은 군더더기 가치일 뿐이다. 세상을 시끄럽게 만든 것은 변무와 육손이가 아니라 바로 사랑과 정의를 외치는 자이다. 육신의 군더더기를 탓하지 말고, 정신의 군더더기를 제거하라. 그 입을 다물라. 시끄럽다.

3

성인의 잘못

자연스러움을 잊으면

말로 말하자면 평지에 살면서 풀을 뜯고 물을 마십니다. 기쁘면 서로 목을 맞대고 비비고, 화나면 서로 등을 돌리고 걷어찹니다. 말이 아는 건 이게 전부입니다. 그런데 말에게 멍에를 올려놓고 재갈을 채워 끌채를 연결하자, 말은 멍에를 부수고 끌채를 꺾고 재갈을 뱉고 고삐를 물어뜯을 줄 알게 되었습니다. 도적과도 같이 말이 이렇게 사납고 나쁘게 바뀐 것은 말을 길들인다며 이렇게 바꾼 백락의 죄입니다.

혁서씨가 다스렸던 전설의 시대에는 사람들의 삶은 너무도 자연스러워 집에 있으면서도 무엇을 한다는 생각이 없이 살았고, 걸어 다니면서도 어디로 간다는 생각이 없이 걸었습니다. 입에 음식을 문 채로 즐거워했고, 배를 두드리며 놀았습니다. 이 정도만 알아도 충분했습니다. 그런데 성인이 나와 예악(禮樂)을 내세워 몸을 굽히게 하고 몸가짐을 뜯어 고쳤습니다. 인의(仁義)를 내세워 마음을 달래려고 했습니다. 그러자 사람들은 발끝으로 걷고 아는 것을 좋아하고, 이익을 다투기 시작했습니다. 이제는 이러한 행동을 막을 수 없게 되었습니다. 사람들을 이렇게 바꾼 것은 성인의 잘못입니다.

─〈마제〉 3

노자 『도덕경』 58장은 이렇게 말한다. "정치가 맹맹하면 백성이 순박해지고, 정치가 똑똑하면 백성이 못되게 된다. 화라고 생각되는 곳에서 복이 나오고, 복이라고 생각되는 곳에 화가 숨어 있다. 누가 그 끝을 알 수 있으랴. 절대로 옳은 것은 없다. 올바름이 변하여 기이한 것이 되고, 선한 것이 변하여 사악한 것이 된다. 사람이 미혹된 지가 실로 오래 되었구나." 장자의 본문과 묘하게 공명한다. 시로 쓰면 노자요, 풀어 쓰면 장자로구나.

자연스런 삶이 아니라 인위적인 삶은 사태를 복잡하게 만들고, 예상치 않은 일들이 벌어지며, 기대했던 것과 반대되는 현상이 생겨난다. 많이 알수록 영악해지고, 많이 할수록 사악해진다. 겉으로는 점잖아 보여도 속으로는 욕심투성이다. 품도 많이 들고, 일도 늘어나고, 배워도 끝이 없고, 경쟁은 그치지 않는다. 순박함이 미혹되어 사나워진다. 웃음이 줄어들고 화가 늘어난다. 까딱하면 부수고, 뉘우치고 또 부순다. 쉽게 싫증 내고 새로운 것만 추구한다. 삶은 복잡해지고 편안하지 않다. 가져도 불안하고 못 가지면 억울하다. 진실은 숨겨지고 속임수만 늘어난다.

말을 잘 길들인다는 전설의 인물 백락은 말의 본성을 잃게 하고, 말의 성질만 돋우는 결과를 낳았다. 그 과정에서 수많은 말이 죽고 다쳤으며, 성한 말들도 자유롭지 않게 되었다. 사람들을 잘 다스린다는 성인들도 예악으로 사람들의 몸가짐을 어색하게 하고 경색되게 만들었다. 인의로 성질을 부드럽게 하려 했으나 오히려 사람들은 선악을 구분하고 이익을 다투기 시작했다. 결과적으로 백락의 죄요, 성인의 잘못이다.

✦

본문에 나오는 혁서씨(赫胥氏)는 중국의 역사서 『18사략』에 따르면 전설의 인물 복희씨와 여와씨의 뒤를 이어 중국을 다스린 전설적인 인물 중 하나다. 그가 다스렸던 시대에 백성의 모습을 그린 "입에 음식을 문 채로 즐거워했고, 배를 두드리며 놀았습니다.[含哺而熙, 鼓腹而遊]"에서 태평성대를 그린 '함포고복(含哺鼓腹)'이라는 사자성어를 발견할 수 있다.

4

도둑질 5계명

성인을 없애라

도척의 부하가 도척에게 물었습니다.

"도둑질에도 도(道)가 있습니까?"

도척이 대답했습니다.

"어디엔들 도가 없겠느냐? 집 안에 무엇이 있는지 알아맞히는 게 훌륭함[聖]이요, 남보다 먼저 들어가는 것이 용감함[勇]이요, 나중에 나오는 게 의리[義]요, 훔쳐도 되는지 안 되는지 아는 게 지혜[知]요, 훔친 물건을 고루 나누는 게 사랑[仁]이다. 이 다섯 가지 도를 갖추지 않고 큰 도둑이 된 자는 아무도 없다."

착한 사람도 이러한 '성인의 도(聖人之道)'를 얻지 못하면 바르게 설 수 없고, 큰 도둑인 도척도 이 도를 알지 못하면 도둑질을 할 수 없습니다. 그런데 세상을 보면 착한 사람은 적고 그렇지 않은 사람은 많습니다. 그렇다면 성인이 세상에 베푼 이득은 적고 폐해는 많은 것입니다. 그래서 "입술이 없어져 이가 시리고, (…) 성인이 생기자 큰 도둑이 나타났다"는 말이 생긴 것입니다. 그렇다면 성인을 없애면 도둑도 내버려 둬도 세상이 스스로 다스려질 것입니다. 냇물이 마르면 골짜기가 텅 비고, 언덕이 무너지면 깊은 못이 매워지듯이, 성인이 죽으면 큰 도둑은 없어지고, 세상은 평화롭고 아무 일 없게 될 것입니다. 성인이 죽지 않으면 큰 도둑도 없어지지 않습니다. 성인이 계속 세상을 다스리는 것은 큰 도둑인 도척을 더욱 이롭게 하는 것입니다.

— 〈거협〉 3

'성인의 도'가 생기자 너나 할 것 없이 자신을 합리화하기 위해 제멋대로 이 도를 끌어다 쓴다. 심지어 중국에서 제일 포악하기로 유명한 도척조차도 자신의 도둑질을 '성인의 도'로 합리화한다. 이렇다면, 성인의 도는 도둑질의 도도 될 수 있고, 도박의 도도 될 수 있으며, 비리와 폭력의 도로도 활용할 수 있다. 귀에 걸면 귀고리요, 목에 걸면 목걸이다. 그래서 세상 사람 모두 '성인의 도'를 말하지만, 정작 세상이 점차 나아지는 것이 아니라, 더욱 어지러워진다.

처음의 도둑놈은 숨어서 도둑질을 했는데, 이제 도둑놈은

버젓이 도둑질을 하면서도 부끄러운 줄을 모른다. '성인의 도'
라는 뒷배가 있기 때문이다. 성인의 길과 도둑의 길은 충돌하
는 것이 아니라 나란히 가고 있다. 그렇다면 이렇게 당당하고
뻔뻔한 도둑놈을 없애는 방법은 무엇일까? 그에게 이론을 대
준 성인을 없애는 것이다. 성인이 없다면 도둑질을 당당하게
못할 터이니, 도둑질도 쇠락할 것이다.

그래서 장자는 과격하게 성인이 죽어야 한다고 말한다. 날
강도 같은 도척보다 그에게 근사한 이론을 제공한 성인이 더
밉다. 이렇게 쓰고 보니 생각나는 사건이 있다. 이른바 '국민교
육헌장' 사건. 유신 독재자 박정희는 자신의 통치를 정당화하
기 위해 박종홍 등 우리나라 최고의 철학자들에게 자신의 통치
이념을 미화하는 '국민교육헌장'을 쓰게 했다. 그리고 모든 교
과서의 맨 앞에 국기에 대한 맹세와 더불어 '국민교육헌장'을
수록하였다. 나이가 어느 정도 든 어른들은 기억할 것이다. "우
리는 민족중흥의 역사적 사명을 띠고 이 땅에 태어났다"로 시
작하는 그 어마무시하고 어려운 글을. 온갖 그럴듯한 미사여구
로 엮은 이 글을 외우지 못하면 집에도 못 가고 심지어 매까지
맞았다. 지금 생각해도 치가 떨린다. (이 헌장은 1994년 사실상 폐기
된다.)

예나 지금이나 '성인의 도'는 착한 사람이 써먹는 것이 아니
라, 도둑놈들이, 독재자들이, 사기꾼들이 써먹기 좋은 도구였나

보다. '성인의 도'가 넘치는 곳에 썩은 냄새가 진동했나 보다.

+

도척(盜跖)은 노나라의 현인 유하혜(柳下惠)의 동생으로 중국 역시상 가장 잔인한 도둑으로 유명하다. 성격이 회오리같이 사납고, 말도 잘하고, 욕도 잘했다. 따르는 부하만 해도 9천 명이 넘었다고 한다. 『장자』 잡편에서는 아예 〈도척〉 편을 별도로 다루고 있는데, 도척과 공자의 살 떨리는 설전을 목격할 수 있다. 공자가 도척을 설득하려 갔다가, 오히려 도척에게 큰 봉변을 당한다. 도척은 공자더러 "도둑이라면 너만한 도둑이 다시없다. 그런데도 세상 사람들은 너를 도구(盜丘)라고 부르지 않고 나만 도척(盜跖)이라고 부르는지 모르겠다"고 조롱하는 대목도 있다.

5

부러움의 연쇄 고리

약한 것을 이기지 못하고 강한 것을 이기다

발이 하나밖에 없는 기(夔)는 지네를 부러워하고, 지네는 뱀을 부러워하고, 뱀은 바람을 부러워하고, 바람은 눈(目)을 부러워하고, 눈은 마음을 부러워합니다.

기가 지네에게 말했습니다. "나는 한 발도 힘들어 간신히 다니는데, 당신은 수많은 발로 잘도 다니시네요."

지네가 대답했습니다. "글쎄요, 재채기하는 사람을 본 적이 있으시죠? 사람이 재채기를 할 때, 큰 방울은 구슬 같고, 작은 방울은 안개 같은 게 섞여 뿜어 나오지요. 그 방울 수를 헤아릴 수 없을 지경이지요. 저 역시 재채기를 하듯 많은 발을 자연스럽게 움직일 뿐입니다. 잘하는지는 모르겠네요."

이번에는 지네가 뱀에게 물었습니다. "저는 많은 발로 움직이지만, 선생님은 발도 없이 움직이시네요. 어떻게 하시는 겁니까?"

뱀이 대답했습니다. "저절로 그렇게 되었습니다. 어찌 바꾸겠습니까? 어찌 발을 쓰겠습니까?"

이번에는 뱀이 바람에게 물었습니다. "저는 저의 척추와 갈비뼈를 의지하여 움직이는데, 선생께서는 아무것도 의지하지 않고 획 하고 북해에서 일어나 획 하고 남해로 가십니다. 어떻게 하시는 겁니까?"

바람이 대답했습니다.

"그렇네요. 획 하고 북해에서 일어나 획 하고 남해로 불어가네요. 하지만 손가락으로도 나를 가르고, 발길질로도 나를 움직이게 합니다. 한편 큰 나무도 꺾어 버리고 큰 집을 날리기도 하지요. 작은 것은 이기지 못하고, 큰 것에는 이깁니다. 크게 이길 수 있는 건 오직 성인(聖人)만이 할 수 있습니다."

— 〈추수〉 9

전통적으로 동양인들은 음양(陰陽)으로 세상의 기운을 살피고, 오행(五行)으로 만물의 변화를 본다. 이 음양의 기운을 잘 살핀 것이 노자요, 오행의 변화를 잘 살핀 것이 장자다. 목화토금수(木火土金水)는 각기 다른 기운을 발휘하지만, 서로 살리고[生], 서로를 보완하면서[克] 변화한다. 어떤 기운이 더 좋거나 나쁜 것이 아니다. 어떤 기운이 더 강하거나 약한 것이 아니다. 만물은 이러한 기운의 배합과 변화를 통해 살아간다.

모든 존재는 각기 존엄한 자신의 모습을 갖는다. 그럼에도 살면서 자신에게 없는 것을 부러워한다. 발이 하나밖에 없는 기는 발 많은 지네를 부러워하고, 많은 발로 움직이는 지네는 발 없이 움직이는 뱀을 부러워하고, 몸을 이용해서 움직이는 뱀은 몸도 없는데 움직이는 바람을 부러워하고, 이리저리 움직이는 바람은 움직이지도 않는데 모든 것을 살피는 눈을 부러워하고, 보아야 하는 눈은 보지 않고도 아는 마음을 부러워한다. 자신에게는 없는 능력을 갖고 있는 남을 부러워하는 것은 인간이나 자연이나 마찬가진 듯하다. 그런데 정작 부러움의 대상은 자신이 왜 그런지 알지 못한다. 저질로 그렇게 된 것이니까.

본문의 대화는 바람의 대답으로 끝난다. 이야기가 완료되려면 바람 다음에는 눈이, 눈 다음에는 마음이 와야 하는데, 그에 대해서는 이야기가 없다. 바람에서 서둘러 마감한다. 마감도 어색하고 억지스럽다. 미완의 글인 셈이다. (아쉽다. 누락된 것일까?) 상상력을 발휘하여 장난삼아 마저 완성해 볼까?

이번에는 바람이 눈에게 물었습니다. "저는 이리저리 움직여야 하는데, 선생께서는 움직이지 않고도 세상을 보십니다. 어떻게 하시는 겁니까?"

눈이 대답했습니다. "그대는 내가 움직이지 않는다고 말하지만, 나 역시 마음이 가는 데로 움직입니다. 움직여야 볼 수 있고, 보아야 알 수 있습니다. 하지만 나는 나를 움직이게 하는 마음을 본 적이 없습니다."

그래서 눈은 마음에게 물었습니다. "나는 떠야 볼 수 있고, 감으면 볼 수 없습니다. 하지만 선생은 보지 않고도 알 수 있는 듯합니다. 어떻게 그렇게 하십니까?"

마음이 대답했습니다. "그대는 내가 보지 않고도 알 수 있다고 말했는데, 나는 그대를 통해 세상을 봅니다. 그대는 기를 보고, 지네를 보고, 뱀을 보고, 바람을 봅니다. 나는 그대가 본 세상으로 세상을 봅니다. 그대는 나의 창문입니다. 하지만 그대가 보지 않아도 나는 세상을 보기도 합니다. 눈을 감아도 보이는 세상이 있습니다. 그런데 눈을 뜨거나 감아도 세상을 보게 하는 나는 뭘까요? 알 수 없습니다. 세상이 만들어 놓은 저장 창고일까요? 저절로 만들어진 걸까요? 누군가 만든 걸까요? 모르겠습니다."

6

매미 잡는 방법

삶의 작은 일에도 최선을 다하라

공자가 초나라를 가는 길에 숲속을 지나가게 되었습니다. 거기서 한 꼽추가 매미를 잡는 것을 보았는데, 마치 매미를 줍듯하고 있었지요.

공자가 꼽추에게 물었습니다.

"정말 대단하시네요. 무슨 비결이라도 있나요?"

꼽추가 대답했습니다.

"비결이 있긴 있지요. 대여섯 달 정도 매미 위에 구슬 두 개를 포개 올려놓고 떨어뜨리지 않는 연습을 합니다. 점점 실수가 줄어들지요. 그다음에는 구슬 세 개를 포개 올려놓고 떨어뜨리지 않는 연습을 합니다. 실수가 열 중 하나가 되지요. 그다음에는 다섯 알을 포개 올려놓고도 떨어뜨리지 않는 연습을 하는데, 모두 성공하면 매미를 줍는 듯이 할 수 있습니다.

몸은 나무 그루터기처럼 고정되고, 팔은 나뭇가지처럼 움직입니다. 천지가 넓고 만물이 많다 해도 오직 매미 날개에 집중하지요. 그렇게 하면 어찌 매미를 못 잡겠습니까?"

공자가 제자들을 돌아보며 말했습니다. "꼽추 노인은 '뜻을 모으고 마음을 집중하라'고 말하고 있구나."

—〈달생〉3

초등학교 때 매미나 메뚜기 등 곤충채집을 하러 친구들과 가까운 자연으로 놀러 갔던 경험이 있다. 한두 시간이 지나면 모여서 서로 잡은 것을 비교하고, 못 잡은 아이들에게 많이 잡은 아이들이 나눠 주기도 했다. 나는 그럭저럭 잡은 아이에 속했다. 주지도 못하고 받지도 않았다. 곤충채집의 묘미는 곤충의 움직임을 잘 관찰하여, 예측하고, 그에 맞춰 행동하는 데 있다.

어렸을 적 이런 원리를 생각하지는 못했지만, 본능적으로 행동을 천천히 하면서 곤충에게 접근했던 기억이 있다. 고정된 사물을 잡기 위해서 분주히 움직이면 안 된다는 것을 저절로 알았나 보다. 매미를 잡을 때, 거의 고정된 듯 움직이지 않으면서 아주 서서히 매미를 향해 채를 뻗던 생각이 지금도 난다. 열에 한두 번 성공했지만 성공의 짜릿함은 이루 말할 수 없었다.

본문에 나오는 꼽추는 우리의 어린 시절처럼 과제나 취미로 매미를 잡는 것이 아니라 잡은 매미를 약재상에 팔듯이 직업적으로 잡은 듯하다. 그렇지 않고서야 줍듯이 매미를 잡을 필요는 없을 것이다. 그의 훈련법도 특이하다. 매미 하나 잡는데, 장인이 신묘한 기술을 익히듯 필사의 노력을 한다. 적어도 매미를 줍듯이 잡으려면 1년 이상의 훈련 기간이 필요한 듯하다.

더 놀라운 것은 이러한 꼽추의 모습을 유심히 살피는 공자의 태도다. 공자가 책상물림이 아니라 일상적인 삶 속에서 삶의 원리를 찾아내고 있음을 알 수 있다. 이게 바로 공자라는 인물을 등장시켜 장자가 말하고 싶은 핵심이다. 삶은 책을 통해 일거에 변화되는 것이 아니라, 자신의 뜻과 마음을 일상의 훈련을 통해 변화시킴으로 변모하는 것이다.

매미를 잡아 생계를 유지하는 꼽추 노인은 오늘날로 비유하면 휴지나 공병을 주워 생계를 유지하는 것과 같다. 결코 권장할 만한 삶이 아니다. 천민이나 그렇게 산다. 하지만 공자(장자)는 이렇게 말하는 듯하다. 직업에 귀천이 없다. 다만 그 일에 임하는 사람의 뜻과 마음을 잘 살펴보아야 한다. 꼽추 노인이 매미를 쉽게 잡기 위해 어떠한 노력을 했는지 살피라. 그의 신분을 보지 말고 그의 노력을 보라. 너는 저 노인처럼 할 수 있는가? 아주 미천하고 작은 일이지만 저 노인의 경지에 도달할 수 있는가?

일의 대소(大小)가 중요한 것이 아니다. 일의 경중(輕重)을 따지자는 게 아니다. 일의 경제적 가치를 묻는 것은 더욱 아니다. 일을 통해 얼마나 자신이 변화되었는가를 묻는 것이다. 어떠한 삶이든지 성장할 수 있는 계기를 마련할 수 있다. 문제는 우리의 뜻과 마음이다.

7

달인의 수영법

물길을 따라 갈 뿐

공자가 여량에서 구경을 하고 있었습니다. 거기에는 삼십 길 높이의 폭포가 있는데, 물거품이 삼십 리나 소용돌이치며 흐르고 있었습니다. 악어나 물고기나 자라도 헤엄칠 수 없는 곳이었습니다. 그런데 거기서 한 남자가 헤엄치는 듯 보였습니다. 공자가 그 모습을 보고, 걱정이 있어 죽으려는 사람인 줄로 생각하고는 제자에게 물길을 따라가 그를 건져 주라고 했습니다. 수백 걸음을 따라가 보니 그 남자는 둑 밑으로 나와서는 머리를 풀어헤친 채 노래를 부르며 거닐고 있었습니다. 공자가 그에게 다가가서 물었습니다.

"귀신인 줄로 알았는데 아무리 살펴보아도 사람이 분명하군요. 수영을 정말 잘하시네요. 무슨 비결이 있나요?"

남자가 말했습니다. "딱히 비결이라고 할 만한 것은 없습니다. 오래전부터 수영을 시작해서, 자연스럽게 수영을 할 수 있게 되었고, 수영하는 게 몸에 배어 습성이 되었고, 습성이 성격으로 발전했습니다. 이제는 마치 내가 수영을 하려고 태어난 듯합니다. 소용돌이를 따라 들어갔다가 물길을 따라 나옵니다. 물길을 따를 뿐 제 마음대로 움직이지 않습니다. 저는 그렇게 수영합니다."

공자가 물었습니다. "수영이 습성이 되고, 습성이 성격이 되고, 성격이 운명을 실현했다는 뜻입니까[始乎故, 長乎性, 成乎命]?"

남자가 말했습니다. "우리가 육지에서 나서 육지에서 편히 지내고 있는 것이 습성입니다. 물속에서 자라나서 물에서 편안히 지내게 되는 것이 성격입니다. 내가 그렇게 되는 까닭은 알지 못하는데도 그렇게 되는 것이 운명입니다."

— 〈달생〉9

이름도 모르는 한 사내가 폭포수에서 수영을 한다. 물고기도 수영하지 못할 것 같은 거칠고 빠른 물길이다. 공자는 이 광경을 보고, 저 사내가 죽으려 하나 보다 생각한다. 보통 사람이라면 절대로 그런 물길에서 수영하지 않기 때문이다. 걱정되어 제자들에게 그를 구해 주라고 한다. 제자들과 물길을 따라 내려가니, 웬걸, 그 사내 느긋하게 노래를 부르고 물가로 나온다.

공자가 신기한 듯 그에게 다가가 문답한 것이 위의 내용이다.

수영에 비결이 있는가? 없다. 단지 물길을 따라 갔다가 물길을 따라 나온 것이다. 답은 쉽다. 하지만 친절하지는 않다. 사내는 부연설명한다. 뭍에서 태어났지만 물가에 살아서 수영을 배웠고, 수영이 몸에 익었고, 수영이 익숙해지니 아무렇지도 않게 수영할 수 있게 되었다. 이제는 수영을 한다는 생각조차 하지 않는다. 마치 수영이 나의 운명인 듯.

무언가를 배운다는 것은 처음에는 불편을 감수하는 것이다. 불편을 감수하고 반복하다 보면 점차로 익숙해진다. 익숙해지다 보면 잘하게 된다. 잘하는 것을 어찌 아는가? 억지스럽지 않고 자연스럽다. 노는 것처럼 보인다. 우리가 하는 반복은 똑같은 것을 계속하는 것이 아니다. 반복은 항상 '차이 나는 반복'이다. 악기를 배우다 보면 처음에는 악기와 충돌하지만, 차츰 악기와 친하게 되고, 나중에는 악기를 잊게 된다. 악기와 하나가 되는 경지다. 그것이 바로 운명(運命)이다.

장자가 말하는 운명[命]은 타고 태어난 것이 아니다. 운명은 반복(훈련)이 만든 습관이 계속되어 성격이 되고, 성격이 완성되어 이루어지는 경지다. 그 경지의 모습이 자연스러움[然]이다. 마치 본래부터 그랬던 것처럼 보이지만, 사실은 자신에게 주어진 흐름을 잘 따르도록 훈련하는 것을 통해서 완성되는 것이다. 수영은 물의 길을 잘 따르는 것이고, 걸음은 땅의 길을 잘 따르는 것이며, 삶은 우주의 길을 잘 따르는 것이다. 쉽지 않다. 그래서 습성을 들여야 하고, 성격이 되어야 한다. 시도와 실패와 성취가 쌓여야 되는 것이다.

8

장인의 태도

칭찬이나 이익이 없어도

목수 재경이 나무를 깎아서 종을 거는 틀인 거(鐻)를 만들었습니다. 이 틀이 완성되자 그것을 본 사람들은 모두 귀신 같은 솜씨라며 놀랐습니다. 노나라의 임금도 그 틀을 보며 물었습니다.

"그대는 무슨 비법으로 이것을 만들었는가?"

재경이 대답했습니다.

"저는 그저 목수일 뿐 무슨 비법이 있겠습니까? 굳이 말씀드리면 한 가지가 있기는 합니다. 저는 틀을 만들 때 함부로 기운을 소모하지 않습니다. 그리고 재계를 해서 몸과 마음을 깨끗하게 합니다. 3일 동안 재계를 하면 상이나 벼슬을 받겠다는 생각을 품지 않게 됩니다. 5일 정도 재계하면 비난이나 칭찬, 걱정이나 근심 따위를 생각하지 않게 됩니다. 7일 동안 재계를 하면 손발이나 몸뚱이가 있다는 사실조차 잊게 됩니다. 이쯤 되면 공적인 일이나 조정에 대해서도 관심이 없고, 오로지 틀 만드는 일에만 집중하고 그 밖의 것들은 사라져 버립니다. 그런 후에 산 숲으로 들어가 나무 성질이나 모양이 가장 좋은 나무를 찾습니다. 그 나무를 보면서 마음으로 틀의 모습을 완성시킵니다. 그러면 그 나무에 손을 대기 시작합니다. 그게 여의치 않으면 아예 손을 대기 않습니다. 이렇게 저의 본래 성격과 나무의 본래 성격을 합치[以天合天]시킵니다. 제가 만든 것을 귀신 같다고 말하는 이유가 여기에 있는 것 같습니다."

— 〈달생〉10

운동이든 예술이든 작업이든 힘 조절이 중요하다. 힘 조절은 육체적인 것만 이야기하는 것이 아니다. 정신적인 것이 더 중요할 때가 있다. 무도에서도 힘이 지나치게 들어가면 고수가 아니라고 한다. 경직된 몸과 정신으로는 제대로 과업을 수행할 수가 없다. 평소에는 힘이 빠진 상태로 있다가 힘이 필요한 순간에 집중적으로 힘을 쏟아야 제대로 힘을 쓸 수 있다.

강하기만 한 힘은 무력하다. 부드럽지만 몰입된 힘이 필요하다. 노자 철학을 전공한 이소룡이 절권도를 만들었을 때, 가장 강조하는 것이 '물과 같이 되라'는 것이다. 모든 만물과 하나가 되면서 부드럽게 변화하는 물이야말로 가장 강력한 힘의

원천이다.

우리나라 양궁 선수들이 가장 많이 하는 훈련은 물론 활쏘기 훈련이겠지만, 그와 더불어 명상 훈련을 많이 한다고 한다. 명상 훈련의 목적은 활쏘기 외에 어떠한 욕심과 욕망도 작동하지 않도록 비우고 또 비우는 것이다. 금메달을 따겠다는 욕심이 마지막 활의 방향을 뒤틀어 버리고, 상대방을 이기겠다는 경쟁심이 부담으로 작용하여 근육을 경직되게 만든다. 숨은 가빠지고 머리는 복잡해지고 몸은 굳어진다.

수영을 잘하는 사람은 물의 흐름 속에 자연스럽게 녹아 들어간다. 비행을 잘하는 사람은 바람의 흐름을 잘 타는 사람이다. 그림을 잘 그리는 사람은 선과 색의 흐름과 조화를 잘 아는 사람이다. 목수는? 목수 역시 나무의 성질이나 모양, 즉 성격을 잘 파악하는 사람이다. 그 성격을 따라 자신의 성격이 하나가 되면 명장(名匠)이 된다.

삶이라고 다를쏘냐. 매번 변화하는 환경과 조건을 잘 파악하고, 그 흐름을 잘 타는 사람이 좋은 삶을 사는 것이다. 그러려면 자신의 욕망과 욕심을 평소에 조절할 줄 아는 능력이 필요하다. 억지로 되는 것이 아니다. 재계(齋戒)를 하듯이, 쓸데없이 에너지를 낭비하지 않고, 쓸모없는 욕망에 사로잡히지 않고, 자신에게 쏟아지는 칭찬이나 비난에 초연하고, 공적이나 명예 따위에 신경 쓰지 않게 되도록 자신을 비워야 한다.

이 경지, 말이 쉽지 실천이 쉬운 것이 아니다. 자신의 몸과 마음을 잘 알아채야 한다. 숨 쉬고, 움직이고, 공부하고, 쉬고, 밥 먹고, 똥 싸고, 사랑하고, 잠자는 매순간의 자신을 있는 그대로 대면하면서 알아채는 사람만이 자신의 몸과 마음을 비우고, 자신에게 주어진 환경과 조건의 흐름을 잘 타게 된다. 스님들이 평생토록 하는 수행이 바로 이것이다. 도인들이 평소에 훈련하는 것도 이것이다. 종교인들이 예식에 참여하는 것도 바로 이 훈련을 위해서다. 갑자기 도달하는 경지는 아니다. 그렇다고 도달할 수 없는 경지도 아니다. 그러니 실패하더라도 더 잘 실패하면서 해 볼 만한 것이다.

9

우주만물이 걷는 길

노자가 알려 주는 자유의 길

공자가 노자에게 물었습니다.

"오늘은 한가하시니, 지극한 도[至道]에 대해 한 말씀해 주십시오."

노자가 대답했습니다.

"금식하고 금욕하세요. 마음을 깨끗이 씻고, 정신을 맑게 씻어 내고, 지혜를 없애야 합니다. 도는 그윽하고 아득하여 말로 표현하기 어렵습니다만, 그래도 그대를 위해 대강을 얘기해 보도록 하겠습니다.

밝게 드러나는 것들은 깊은 어두움 속에서 생겨납니다. 보이는 것도 보이지 않는 것에서 생겨나지요. 사람의 정신 역시 지극한 도에서 생겨나며, 육체는 순수한 기운의 화합에서 생겨납니다. 이 화합이 형체를 낳고, 형체들이 또 서로 형체를 생기게 합니다.

아홉 구멍을 가진 것들은 자궁에서 태어나고, 여덟 구멍을 가진 것들은 알에서 태어납니다. 이들은 흔적 없이 왔다가 자취 없이 떠나지만, 어디서 와서 어디로 가는지 끝이 없습니다. 드나드는 문도 없고 머물 방도 없이 사방으로 트여 있습니다.

지극한 도를 따르는 사람은 신체가 튼튼하고, 생각이 활발하고, 눈귀가 밝고, 마음 씀이 편안하고, 무엇을 만나도 자유롭습니다. 하늘도 지극한 도를 따라 높고, 땅도 이 도를 따라 넓고, 해와 달도 이 도를 따라 움직입니다. 만물이 이 도를 따라 번창합니다. 이것이 지극한 도입니다."

— 〈지북유〉 8

도(道)는 길이다. 지극한 도는 모든 우주와 만물이 따르는 길이다. 과학과 수학의 세계에서는 이를 법칙이라 한다. 법칙은 인위적이지 않다. 본래 그러한 것일 뿐, 제멋대로 바뀌지 않는다. 생각대로 바꿀 수 있는 것이 아니다.

불가에서는 우주는 성주괴공(成住壞空)을, 인간은 생노병사(生老病死)의 길을 따른다고 말한다. 아무리 과학이 발달해도 이 길을 바꿀 수 없다. 보통 사람은 이 길을 고통[苦]이라고 말한다. 변화를 인정하지 않고, 고정된 것이라 집착하기 때문이다. 본질이 고통이 아니라 집착이 고통을 낳는 것이다. 그러기에 불가는 이 고통에서 해방되는 것을 평생의 과업으로 삼는다. 본래 모습 그대로를 깨닫게 되면 고통에서 벗어날 수 있다. 있는 것 그대로를 볼 수 있다. 이를 바르게 봄[正見]이라 한다. 바르게 보면 바르게 생각[正思]할 수 있고, 바르게 말하고[正語], 바르게 행동하고[正業], 바르게 살[正命] 수 있다.

그러면 바르게 보지 못하는 이유는 무엇일까? 불가에서는 그 원인을 탐진치(貪瞋痴)에서 찾는다. 탐욕과 분노와 어리석음이야말로 지극한 도를 알지 못하는 원인이다. 그래서일까? 공자가 노자에게 '지극한 도[至道]를 물었을 때, 재계(齋戒)하라고 대답한다. 몸과 마음을 굶기는 것, 몸과 마음을 깨끗이 하는 것이 재계다. 편견과 속단에서 벗어나는 것이다. 말로 꾸미고, '지혜'라는 것으로 규정하지 않는 것이다. 탐진치로 거칠어진 '나'라는 거친 렌즈를 맑게 만드는 것이다. 쓰레기로 가득 찬 몸과 마음을 비우는 것이다. 여기가 출발이다.

모든 깨달음의 시작은 몸에서부터다. 최상급의 지혜 역시 몸에서 나온다. 자신의 몸뿐만 아니라 모든 만물의 모습과 변화를 보는 것에서 지혜는 시작된다. 장자는 노자의 입을 빌어 지혜의 차원과 몸의 차원의 같음을 이야기한다. 몸은 말과 글이 형성되기 이전의 차원이다. 본래 그대로의 시원적 차원에서 지극한 도를 관찰한다. 시작도 끝도 없이, 태어나고 사라지는,

그렇지만 결코 지워지지 않는 그 무궁무진의 세계, 그 세계가 따르는 지극한 길을 바라보자.

그럴 때 노자는 약속한다. 그 길을 따르면 "신체가 튼튼하고, 생각이 활발하고, 눈귀가 밝고, 마음 씀이 편안하고, 무엇을 만나도 자유롭"게 된다고. 니체라면 이 지극한 길을 운명애(運命愛, Amor fati)라고 말했으리라. 이 길은 닫힌 길이 아니라 열린 길이다. 막힌 길이 아니라 뚫린 길이다. 고정된 길이 아니라 변화하는 길이다. 그 길, 있는 그대로만 보면 보인다.

10

모자란 듯이 살아라

양주에게 해 주는 노자의 충고

양자거가 노자를 만나러 남쪽 패 지방으로 가고 있었는데, 진나라 일대를 유람하던 노자를 양나라 교외에서 우연히 만나게 되었습니다. 노자는 길을 가면서 하늘을 우러러 탄식하며 말했습니다.

"처음에 너를 가르칠 만하다고 생각했으나 이제 보니 안 되겠구나."

양자거는 아무 대꾸도 하지 못하고 숙소로 돌아왔습니다. 노자에게 세숫대야와 양치질 물과 수건과 빗을 올리고, 방 밖에서 신을 벗어 놓고 무릎으로 기어 들어가 노자에게 물었습니다.

"선생님께서 말씀하신 것에 대하여 여쭙고자 하였으나, 겨를 주시지 않고 걷기만 하셔서 차마 여쭙지 못했습니다. 지금은 한

가하신 듯하니 그 까닭을 여쭈어 봐도 되겠습니까?"

노자가 말했습니다.

"지금 네 모습을 보거라. 눈을 치켜 부릅뜨고 오만한 모습이구나. 그러니 누가 너와 함께하려 하겠느냐. 정말 깨끗한 사람은 오히려 때 묻은 듯 보이고, 덕이 충만한 사람은 오히려 덕이 조금 부족한 듯 보이는 법이다."

이 말에 양자거는 낯빛을 가다듬고 말했습니다.

"가르침대로 몸가짐을 조심하겠습니다."

양자거가 처음에 숙소에 왔을 때는 손님들이 모두 나와 그를 맞이했고, 주인은 방석을 날라 왔고, 그 아내는 수건과 빗을 갖다 놓고, 다른 손님들은 그를 보면 자리를 피해 주고, 난롯가에 있던 사람들은 따뜻한 자리를 양보할 정도였습니다. 그러나 그가 돌아오고 나서는 숙소 사람들과 자리를 다툴 정도로 편한 사이가 되었습니다.

—〈우언〉6

계층과 신분이 분명히 나뉘어 있는 사회에서는 그 신분에 따라 대우를 받는 것을 당연한 것으로 여겼다. 지금은 신분제 사회가 아니지만, 손님이 지불한 금액에 따라 처우와 대접이 달라진다. 돈이 신분인 셈. "손님은 왕이다"라는 표어는 대접

하는 사람의 마음이어야지, 대접받는 사람이 주장하면 촌스럽
고 한심해진다. 그런데도 돈 몇 푼 안 내면서 주인 행세하고 친
절을 강요하고 불만에는 갑질을 한다.

돈 있고 권세 있는 인간일수록 이런 인간 말종들이 많다. 땅
콩 안 까 줬다고 비행기를 돌리는 짐승 같은 종자도 있다. 학식
있고 교양 있다는 사람이라고 다를 것 없다. 겉으로는 아무렇
지도 않은 척하지만 대접이 소홀하면 금세 얼굴빛이 변하고 태
도가 뻣뻣해진다. 나이가 먹을수록 이런 증세는 심각해진다.
경로사상은 젊은이들이 알아서 할 일이지 노인들이 강변할 일
이 아니다.

당연히 대접받아야 할 사람은 세상에 아무도 없다. 대접을
받는다는 것은 그만큼 사람들을 불편하게 하는 것이다. 친절한
모습은 불편한 마음을 담고 있을 수 있다. 고객센터에서 "사랑
합니다. 고객님"이라 말할 때, 그 마음의 수고로움을 읽어야 한
다. 감정노동은 육체노동만큼이나 힘들 일이다. 내가 편하려면
누군가는 불편해야 한다는 것, 그것이 인간사의 진실이다.

내가 좋은 것만 골라 먹으면 분명 누구는 좋지 않을 것을 먹
을 수밖에 없다. 내가 따뜻하면 누군가는 추워야 한다. 내가 많
이 가지려면 누군가는 빼앗겨야 한다. 내가 많이 떠들면 누군
가는 불편하게 침묵해야 한다. 내가 웃을 때 우는 사람이 있을
수 있다. 나만 좋으면 그만인 세상은 없다. 내가 좋다면 누군가

는 안 좋게 된다.

성장은 더 편해지고 더 대접받는 것이 아니라, 더 불편해지고 더 대접하는 것이다. 내가 불편함을 감수함으로 남을 편하게 만드는 것, 내가 더 움직여서 남은 덜 움직이게 하는 것, 내가 책임지지 않아도 될 것을 책임져야 할 것 같은 마음을 갖는 것일지도 모른다. 우치다 타츠루가 말했듯, "어른이 된다는 것은, 내가 깨지 않은 유리 조각을 아이들이 다칠까 봐 말없이 줍는 것"일지도 모른다.

『장자의 맛』을 마치며

아득합니다.

잘 모르겠습니다.

다하지 못한 것들이 있습니다.

— 장자, 〈천하〉 15

2020년 초부터 코로나 사태가 발생했다. 처음에는 별거 아닐 거라 생각했는데, 알고 보니 천지가 개벽하는 일이었다. 국경이 닫히고, 가게가 닫히고, 거리두기로 관계마저 닫히게 되었다. 사람들은 집 밖을 나서기를 꺼려했고, 택배기사와 배달원만 분주히 움직였다. 작가로서 책을 내고 전국을 돌아다니며 강연하던 것이 엊그제 같은데, 일시의 모든 외부 활동이 멈춰졌다.

고립(孤立, isolation)의 시간이 시작되었다. 홀로 있는 시간은 두 흐름을 가질 수 있다. 자신을 잃고 정신을 잃고 타인을 잃는 외로움(loneliness)의 선분을 타고 추락하거나, 자신과 함께 정신을 추스르고 내면을 탐색하는 고독(孤獨, solitude)의 선분을 타고 흐르는 것이다. 나는 이 코로나의 시간에 고독의 선분을 타고 흐르기로 결심했다.

고독의 시간을 즐기기에 고전 읽기만큼 유익한 것은 없었다. 일 년 남짓 도서관에 있는 쪽방에 들어앉아 『장자』를 다시 읽었다. 내가 단골로 강의했던 책이라 수십 번도 더 읽었지만, 코로나 시기에 읽는 『장자』는 사뭇 달랐다. 거기에는 나의 모습뿐만 아니라 이웃의 모습, 우리 사회의 모습이 중첩되어 있었다. 대충 읽을 때는 알 것 같았던 대목도 깊이 읽으니 모르는 것투성이였다. 나의 무지는 더욱 깊어 갔다.

후배 작가가 코로나 시기를 극복하는 방법으로 권장한 '브런치(brunch)'에 글쓰기를 시작했다. 하루하루 예배를 드리는 마음으로 묵상하고 글을 연재하였다. 글을 연재하며 글을 쓴다는 것은 아는 만큼 쓰는 것이 아니라 모르는 만큼 쓰는 것임을 새삼 깨닫는다. 알아서 쓰는 것이 아니라 몰라서 쓰는 것이다. 그 몰라서 쓴 글들이 모여 책 한 권 분량이 되었다. 그게 바로 이 책 『장자의 맛』이다.

장자와 보낸 한 해가 헛되지마는 않았다. 장자가 말하고자 하는 바에 더욱 물음표를 많이 찍었지만, 장자의 마음 한 자락은 올라탄 기분이다. 장자 역시 전국시대의 어려움 속에서 고립의 시간을 고독의 시간으로 바꾸며 글을 썼으리라 생각한다. 몇몇 지인과 제자 외에는 만나지 못했던 장자를 상상한다. 홀로 방에 틀어박혀 상상의 세계로 들어갔던 장자가 보인다. 거기서 만난 나비와 꽃들, 나무와 동물들, 전설 속의 사람이나 상상 속의 사람들이 장자의 글쓰기에 오롯이 쓰여 있다.

영정조 시대 이덕무도 친구가 별로 없어 책이나 읽고 자신을 친구 삼아 살았던 적이 있었다. 그때 지어진 호가 '간서치(看書痴, 책만 보는 바보)'이고 '오우아거사(吾友我居士, 나를 친구 삼은 사람)'이다. 나 또한 코로나 시기에 책만 보고 나를 친구 삼아 글을 쓰고 살았다. 마냥 좋지마는 않았지만 그리 나쁜 것도 아니었다. 어쨌든 책 한 권은 짓게 되었다. 이 나이에 성장이란 말이 조금은 우스워 보이지만 어쨌든 그만큼 성장했다.

코로나 사태는 물질문명의 성장과 정신문명 쇠퇴의 앙상블이다. 인류는 초고속으로 물질문명을 쌓아 갔지만 그만큼 빠른 속도로 정신문명을 상실했다. 그 결과가 코로나 사태이며 기후재난 위기이다. 자연세계를 파괴하면서 이룩된 물질문명은 항상 위태하다. 과학은 나노 단위까지 파악할 수 있을 정도로 정교해졌지만, 코로나바이러스조차 이해하지 못했다. 가장 작은 바이러스가 전 인류를 공포에 떨게 하니 말이다.

『사피엔스』를 쓴 유발 하라리 말마따나 과학혁명은 무지의 자각에서 시작되었다고 했는데, 그로부터 몇 백 년이 지난 후인 현대에도 우리는 무지를 절감한다. 우리는 어디서 와서, 어디에 있으며, 어디로 가고 있는가? 다시 묻고 또 물어야만 하는 시간대에 살고 있다.

장자는 산과 같아 갈수록 높아지고, 물과 같아 갈수록 깊어진다. 아마도 내가 읽은 장자는 높은 산의 초입쯤 되어 보이고, 바다로 흐르는 시냇가의 한 언저리쯤 아닐까 생각한다. 그래도 포기하지 않는 것은 살아 있는 한 나의 장자 읽기는 계속되리라는 것을 알기 때문이다. 이 글을 읽는 독자들도 그런 마음으로 나의 책을 읽으셨으리라 생각한다.

그럼에도 용기를 내어 책으로 묶는 이유 역시 장자에게서 얻은 것이다. 만물은 평등하다는 생각. 존재의 크기나 위상과 관계없이 모든 존재는 사랑받을 자격이 있다는 생각. 그래서 장자가 자신의 책을 두고 "잘 모르겠습니다. 다하지 못한 것들이 있습니다."라고 고백한 것처럼, 나 역시 후세에 장자를 만나면 "잘 모르겠습니다. 다하지 못한 것이 있습니다."라고 말하고 싶다. 내가 알고 있는 장자라면 분명 씩 웃어줄 것이다. 그러면 나는 연암 박지원의 멋진 문장으로 장자에게 답하리라.

"말똥구리는 제가 굴리는 말똥으로 사랑하므로 용의 여의주를 부러워하지 않고, 용 또한 자기에게 여의주가 있다 하여 말똥구리를 비웃지 않는 법입니다."

장자의 맛

2021년 12월 20일 초판 1쇄 펴냄

글쓴이 김경윤
펴낸곳 도서출판 단비
펴낸이 김준연
편집 김민애
등록 2003년 3월 24일(제2012-000149호)
주소 경기도 고양시 일산서구 고양대로 724-17, 304동 2503호(일산동, 산들마을)
전화 02-322-0268
팩스 02-322-0271
전자우편 rainwelcome@hanmail.net
ISBN 979-11-6350-048-3 03150